DE L'IMPRIMERIE DE PILLET AÎNÉ,
rue Christine, n. 5.

L'HERMITE

DU FAUBOURG

SAINT-GERMAIN.

— N° XXVII. —

LES ÉTRENNES DU VOISIN,

ou

UNE VISITE DU MOIS DE JANVIER.

—

LE MINISTRE.

Qui est là?..... M*****l, sans doute? Est-ce vous, mon ami?

LE VOISIN.

Non, Monseigneur; c'est le voisin.

LE MINISTRE.

Encore le voisin! Et que me veut-il? Savez-vous, Monsieur, que cela commence à m'ennuyer?

II.

L'HERMITE

DU FAUBOURG

SAINT-GERMAIN,

OU

OBSERVATIONS

SUR LES MŒURS ET LES USAGES FRANÇAIS
AU COMMENCEMENT DU XIXᵉ SIÈCLE,

PAR M. COLNET,

AUTEUR DE L'ART DE DINER EN VILLE.

faisant suite

A la Collection des Mœurs Françaises

DE M. DE JOUY.

Chaque âge a ses plaisirs, son esprit et ses mœurs.
BOIL., *Art poét.*

TOME SECOND.

A PARIS,

CHEZ PILLET AINÉ, IMPRIMEUR-LIBRAIRE,

ÉDITEUR DU VOYAGE AUTOUR DU MONDE,

De la collection des Mœurs françaises, anglaises, italiennes, etc.,

RUE CHRISTINE, Nº 5.

1825.

L'HERMITE

DU FAUBOURG

SAINT-GERMAIN,

OU

OBSERVATIONS

SUR LES MŒURS ET LES USAGES FRANÇAIS

AU COMMENCEMENT DU XIXe SIÈCLE.

T. II.

LE VOISIN.

Je crains bien que beaucoup de voisins qui nous écoutent n'en disent autant ; mais il est d'impérieuses circonstances. Pouvais-je, à cette époque de l'année, me dispenser de rendre mes devoirs à Monseigneur? Le voisin sait vivre.

LE MINISTRE.

Il aurait dû, au moins, se faire annoncer.

LE VOISIN.

J'ai voulu vous causer unè agréable surprise.

LE MINISTRE.

Elle est vraiment fort aimable, et je vous en remercie.

LE VOISIN.

Je n'aime pas, d'ailleurs, à faire antichambre. Monseigneur sait à merveille combien cela est désagréable. Enfin, n'importe comment, je suis arrivé jusqu'à vous, et sans doute vous ne me chasserez pas.

LE MINISTRE.

Et qu'avez-vous à me demander?

LE VOISIN.

Vous me connaissez mal : je ne demande rien, moi; au contraire, j'apporte.....

LE MINISTRE.

Et que m'apportez-vous?

LE VOISIN.

Des conseils; car je n'ose dire des leçons : il me semble que ces étrennes en valent bien d'autres. Je n'en connais pas, du moins, qui conviennent mieux à votre situation. Mais, avant tout, Votre Excellence me permettra de la féliciter des faveurs signalées dont la Fortune se plaît chaque jour à la combler.

LE MINISTRE.

Elle me les fait payer bien cher : gardez donc votre compliment.

LE VOISIN.

Quoi! vous n'êtes pas content! Que vous manque-t-il donc? Vos moindres désirs sont des lois : votre pouvoir est sans bornes, et tout ici le reconnaît. N'avez-vous pas reçu ces jours derniers le respectueux hommage de la cour et de la ville? Et la France entière, y compris les tambours et les fifres de notre dixième légion, ne s'est-elle pas fait écrire à votre porte?

LE MINISTRE.

La France est bien honnête ; mais ses politesses, auxquelles je suis d'ailleurs fort sensible, ne compensent pas les cruels chagrins qui me rongent.

LE VOISIN.

Le poète a donc eu raison de dire :

Ni l'or, ni les grandeurs ne nous rendent heureux.

LE MINISTRE.

Votre poète n'a dit que trop vrai ; et si l'on en doute, qu'on me regarde : j'ai de l'or, beaucoup d'or ; j'en suis tout cousu.....

LE VOISIN.

Chut ! parlez plus bas : les libéraux pourraient vous entendre.

LE MINISTRE.

Les dignités, les honneurs pleuvent sur moi. On ne sait pas tout : ils m'appellent *M. le comte*, et je vous prie fort de croire que je suis *duc*, en attendant mieux. Enfin, tout ce qui brille en France, je l'efface ; et, après le roi, c'est moi, sans contredit. Mais, malgré toutes mes richesses, tout mon crédit, toute ma puissance, je ne suis pas heureux. Je le suis cent fois moins qu'il y a dix à douze ans.

LE VOISIN.

Je le crois : vous n'êtes pas dégoûté ; c'était le bon tems alors. Vous n'aviez pas le sou ; partant, point de soucis, point d'inquiétudes. Heureux les gueux ! La crainte de perdre ne tourmente que ceux qui possèdent. C'était encore, voisin, la saison des plaisirs..... des amours. Jeune, aimable..... Vous avez la jambe fort bien faite.

LE MINISTRE.

On me l'a dit très-souvent.

LE VOISIN.

Enfant chéri des dames..... et même de très-grandes dames.

LE MINISTRE.

Ah! cessez de me rappeler des jours trop tôt écoulés ; je souffre davantage.

LE VOISIN.

Vous souffrez, voisin. Eh bien ! souffrons en-

semble ; confiez-moi vos peines , je les partage-
rai , et peut-être alors vous paraîtront-elles
moins sensibles.

LE MINISTRE.

Il a un bon cœur..... Voyez comme ces journalistes me traitent! Me font-ils assez noir? Les
royalistes , sur lesquels je comptais cette année ,
ne sont pas toujours les moins ardens à me
nuire.

LE VOISIN.

Interrogez-vous. Votre conscience ne vous
reproche-t-elle rien? N'avez-vous pas provo-
qué de trop justes représailles ? Répondez ,
voisin.

LE MINISTRE.

Il est vrai que je n'ai point épargné les royalistes ; mais, dans mainte circonstance, ai-je
ménagé davantage leurs ennemis naturels, les
coryphées du parti libéral?

LE VOISIN.

Autre sottise, voisin. Est-ce donc ainsi que
l'on gouverne? Vous deviez combattre les fausses
doctrines sans descendre à d'injurieuses person-
nalités , et sans engager l'autorité dans ces

luttes indécentes qui finissent toujours par l'a-
vilir, et la mettent très-souvent en péril. Rece-
vez cette leçon pour vos étrennes.

LE MINISTRE.

Et voilà comme vous me consolez !

LE VOISIN.

Je fais mieux ; je vous corrige. Je croyais, au
reste, que vous méprisiez fort ces *misérables*
journaux. Votre Excellence ne s'en est-elle pas
vantée plus d'une fois ?

LE MINISTRE.

Mon Excellence en a menti, car j'enrage, et
Azaïs a raison ; je ne peux plus gouverner avec
la liberté de la presse.

LE VOISIN.

J'espère qu'au moins vous êtes content de cet
écrivain, et voilà une compensation.

LE MINISTRE.

Elle est faible ; mais il m'importe, je suis
content des brochures et du cœur d'Azaïs ; allez-
vous aussi me reprocher le peu de bien que j'ai
pu lui faire ?

LE VOISIN.

Dieu m'en garde ! Vous ne lui en ferez jamais autant que je lui en souhaite ; c'est un galant homme, et sa famille est fort intéressante.

LE MINISTRE.

, Il y a d'excellentes vues dans son dernier écrit. Sa dictature..... Je veux ajouter une aile à sa petite maison de la rue de l'Ouest.

LE VOISIN.

N'en restez pas là. Le philosophe aime à méditer. S'il avait au bout de son jardin un petit pavillon..... Vous m'entendez ?

LE MINISTRE.

Va pour le pavillon.

LE VOISIN.

J'aime, voisin, à vous voir dans ces libérales dispositions. Voilà comment on honore son administration. Colbert nouveau, encouragez les talens : les fonds ne vous manqueront pas ; vous avez les jeux, les boues et les filles. Or, avec tout cela, vous pourrez aisément refaire un siècle de Louis XIV. Mais, à propos, on a insulté dernièrement ce monarque à la tribune, et vous avez gardé le silence, vous à qui il appartenait de le défendre ; car, depuis le baptême du petit duc, vous êtes en quelque sorte de la famille ; si les fils de France viennent à manquer, les filleuls passent.

LE MINISTRE.

Et moi-même, ne m'insulte-t-on pas à cette tribune ? Je laisse faire.

LE VOISIN.

En ce cas, Louis XIV aurait mauvaise grâce de se plaindre ; je retire mes conclusions.

LE MINISTRE.

Je voudrais vous voir à ma place. Je ne suis pas sur des roses.

LE VOISIN.

Vous souffrez donc beaucoup, voisin ? Les journaux, d'abord..... ensuite.....

LE MINISTRE.

Allez-vous quelquefois au spectacle ?

LE VOISIN.

Je n'y mets plus les pieds depuis l'accident qui m'est arrivé à la représentation de *Germanicus.*

LE MINISTRE.

Vous aviez donc pris parti pour ou contre?

LE VOISIN.

Je n'étais ni pour ni contre ; je gardais la neutralité ; je me trouvais bêtement, comme vous, mon voisin, dans le milieu, et peu s'en fallut que je ne fusse assommé par les deux partis. Avis au lecteur. Mais, que se passe-t-il donc aujourd'hui au théâtre?

LE MINISTRE.

J'y suis l'objet des plus odieuses allusions. Joue-t-on *Athalie*, je suis Mathan.

LE VOISIN.

Tant pis ; c'est un drôle, que ce Mathan.

LE MINISTRE.

Si je souffrais qu'on jouât *Tibère*, je serais Séjan.

LE VOISIN.

Autre mauvais sujet. On ne vous charge pas, voisin, des plus beaux rôles, et il paraît que vous n'êtes pas le favori de tout le monde.

LE MINISTRE.

Et ces vers que le public ne manque jamais

de redemander par trois fois lorsqu'on donne *les Vêpres siciliennes*, les connaissez-vous?

LE VOISIN.

Je les sais par cœur. Attendez, je vais vous les répéter.

LE MINISTRE.

Epargnez-vous cette peine..... Et ce n'est pas seulement à Paris que ce scandale a lieu : ma correspondance m'apprend que dans les départemens, qu'à Strasbourg même, en présence du vicomte.....

LE VOISIN.

De quel vicomte? Serait-ce, par hasard, du vicomte de Ch.....?

LE MINISTRE.

Non : du vicomte Decaze, mon frère, le préfet du Bas-Rhin.... Vous ne connaissez que lui.

LE VOISIN.

Pauvre vicomte! il a dû bien souffrir; car il vous aime et vous honore. Vous avez donné tant de lustre à votre maison!..... Et voilà donc, voisin, vos grands sujets de douleur et d'alarmes! Il faut peu de chose, en vérité, pour abattre votre petit courage. Des articles de journaux..... de malignes allusions ; un homme de cœur se moquerait de pareilles misères. Mais je soupçonne que le voisin est un peu couard.

LE MINISTRE.

Vous en parlez fort à votre aise ; et cette chambre ?

LE VOISIN.

Cela est plus sérieux, j'en conviens.

LE MINISTRE.

Ce côté gauche, ces nouveaux députés, surtout.....

LE VOISIN.

Vous m'aviez dit pourtant que les dernières élections vous étaient favorables, et qu'elles allaient augmenter le nombre de vos ventriloques.

LE MINISTRE.

Faut-il donc tant se presser d'avouer sa défaite et sa honte ?

LE VOISIN.

Il est certain que si ces messieurs sont ministériels, ils cachent bien leur jeu : M. Chauvelin est tout miel auprès des généraux Foy et Demarçay.

LE MINISTRE.

Et le général Tarayre qui va revenir!

LE VOISIN.

Et M. Beauséjour, le croyez-vous de vos amis? Vous avez bien travaillé; vantez-vous-en, mon cher voisin : mais à quelque chose malheur est bon : ils ne veulent plus de vous là-bas, c'est donc notre tour de vous avoir. Il faut, bon gré, mal gré, que vous soyez royaliste en 1820, au moins jusqu'au mois de mai. Quant à M. Pasquier, j'en réponds, il sera excellent cet hiver.

LE MINISTRE.

Et moi aussi.

LE VOISIN.

Retournez-vous donc bien vite.

LE MINISTRE.

Ne suis-je pas tout retourné? On n'en peut plus douter après avoir lu mon discours.

LE VOISIN.

Lequel? car ce jour-là vous en avez prononcé deux qui ne se ressemblaient guère. Ecoutez, voisin, il y avait naguère, à Paris, un grimacier fort extraordinaire qui faisait de son visage tout ce qu'il voulait ; il riait souvent d'un côté, tandis qu'il pleurait de l'autre. Mais on ne le voit plus depuis quelques années. Serait-il enfin retrouvé ?

LE MINISTRE.

C'est moi, peut-être.

LE VOISIN.

Je ne l'ai pas dit. Au reste, voisin, ce ne sont plus de vains discours qu'on vous demande, c'est une loi. Pourquoi différez-vous de la présenter? Pourquoi prolongez-vous les vagues inquiétudes qui préoccupent nos esprits? Il s'agit de restaurer cette pauvre restauration, qui, grâce à vous, est bien délabrée. Qu'attendez-vous donc ?

LE MINISTRE.

J'attends que je sois guéri ; j'ai un rhume, et de plus une colique.

LE VOISIN.

Ah ! par exemple, en voici bien d'une autre! qu'allons-nous devenir? tous nos médecins sont malades. Tout le ministère est à l'infirmerie. M. le garde-des-sceaux a une affection de poitrine qui le condamne au silence ; celui-là a un rhume et la colique. C'est un sort, sans doute , que les maudits libéraux ont jeté sur nos hommes d'état. Et qui donc, voisin, soutiendra votre loi? Savez-vous qu'il n'est pas permis à des ministres d'être enrhumés, dans un gouvernement où la victoire reste souvent aux avocats qui parlent le plus long-tems, où le champ de bataille c'est la tribune, et le glaive c'est la parole?

LE MINISTRE.

Je suis tranquille; Pasquier parlera pour trois, s'il le faut.

LE VOISIN.

Il sera bien obligé de parler pour quatre, car, entre nous, votre M. Portal n'est bon que lorsqu'il écoute ; et, d'ailleurs, son Sénégal l'absorbe. Mais ce M. Pasquier, qui a le bec si bien affilé, pourquoi donc n'a-t-il pas dit un mot lorsque M. Demarçay habilla vos deux excellences de toutes pièces?

LE MINISTRE.

Le jour n'est pas venu.

LE VOISIN.

Qu'il vienne donc! Vous ne sauriez croire, voisin, combien je suis impatient de connaître votre projet. Aurons-nous deux colléges, ou n'en aurons-nous qu'un? Serai-je ou ne serai-je pas électeur avec ma patente? Donnerez-vous des droits aux supériorités morales? Le corps des journalistes, auquel j'ai l'honneur d'appartenir, enverra-t-il un député à la chambre? Dites-moi tout cela, voisin. Je ne veux pas d'autres étren-nes, et vos doctrinaires ne vous tiendront pas quitte à si bon compte.

LE MINISTRE.

Vous ne saurez rien.

LE VOISIN.

Décidément?

LE MINISTRE.

Très-décidément.

LE VOISIN.

En ce cas, je me retire; je craindrais d'abu-ser plus long-tems..... Ne vous dérangez donc pas, Monseigneur; restez, je vous en supplie; je suis confus de vos politesses; vous n'y pensez pas; votre dignité..... votre rhume; un pair de France qui a la colique..... Restez, Monseigneur, et soignez votre santé.

— N° XXVIII. —

LE MINISTRE ET SON VOISIN,

DIALOGUE.

—

LE VOISIN.

C'est une merveille, voisin, que de vous voir;
je vous guette en vain depuis trois semaines :
vous ne sortez donc plus?

LE MINISTRE.

J'étais malade; je le suis même encore.

LE VOISIN.

Cela est-il bien vrai, voisin?

LE MINISTRE.

Vous ne vous en apercevez pas?

LE VOISIN.

Point du tout, je vous assure. Vous avez un

visage de santé qui me fait envie. L'œil est vif...
Voyons la langue....., bien.....; votre pouls.....,
parfaitement réglé. C'est sans doute une plaisanterie, voisin; dites-moi le mot; ne craignez
rien, je serai discret; et, foi de journaliste, je
n'en parlerai pas dans la *Gazette.*

LE MINISTRE.

Si vous ne m'en croyez pas, interrogez mon
médecin.

LE VOISIN.

Eh bien! oui. Le docteur.....? Je le connais
et je l'honore; mais il est plus fin que moi. On
sait, d'ailleurs, que, dans les innocentes mysti-
fications de ce genre, le médecin est volontiers
le compère du malade.

LE MINISTRE.

Etrange mystification! une fièvre continue avec
redoublement.

LE VOISIN.

Etait-elle symptomatique ou essentielle?

LE MINISTRE.

Et qu'importe?

LE VOISIN.

Vraiment, chez vous, cela importe plus que vous ne croyez ; demandez plutôt au docteur.

LE MINISTRE.

Enfin on m'a saigné trois fois. Etais-je malade ?

LE VOISIN.

Votre saignée décide la question ; car c'est, depuis Hippocrate, un axiome en médecine, qu'il ne faut jamais saigner que deux fois les gens qui se portent bien. Excusez, voisin, si j'ai montré un peu d'incrédulité ; mais il courait, ces jours derniers, sur votre compte, un bruit fort étrange.

LE MINISTRE.

Que disait-on ?

LE VOISIN.

Vous avez une si mauvaise réputation.

LE MINISTRE.

Je sais qu'on me prête beaucoup de sottises.

LE VOISIN.

Vous savez aussi, sans doute, qu'on ne prête qu'aux riches ?

LE MINISTRE.

Enfin que disait-on ?

LE VOISIN.

On disait, voisin, que c'était la crainte du danger qui vous donnait à la fois la fièvre et la colique, ou plutôt que vous cherchiez dans une maladie simulée un prétexte honnête pour ne pas assister aux séances orageuses de la chambre des députés.

LE MINISTRE.

Ah! si mon médecin me l'avait permis!

LE VOISIN.

Il faisait chaud, le 15, à cette chambre.

LE MINISTRE.

C'est ce jour-là même qu'il m'a fait saigner le plus copieusement, et qu'il a même prescrit un topique.

LE VOISIN.

Et vous vous êtes laissé faire? Vous ignorez donc que les médecins sont dans la conspiration et qu'ils ne veulent pas qu'on touche à la loi des élections? C'est pourquoi ils vous saignent à ou-trance, tandis qu'ils bâillonnent notre garde-des-

sceaux qui du moins ronge son frein et s'indigne
du silence auquel on le condamne. Le tour est
bon. Ces gens-là sont habiles. Mais dans les circonstances périlleuses, ce n'est pas le médecin
qu'il faut consulter, voisin, c'est l'honneur, et
malade ou non malade, saigné ou non saigné,
avec ou sans topique, vous deviez, quoi qu'il
pût en arriver, monter le premier à la brèche.
Il est béau de mourir, surtout en bonnet de nuit.

LE MINISTRE.

On m'y verra bientôt.

LE VOISIN.

Voilà deux mois que vous le dites ! qu'attendez-vous donc ? les Troyens font rage ; Hector-
Chauvelin vient de provoquer les Grecs jusque
dans leur camp. Il est bien tems enfin qu'Achille
sorte de sa tente ; mais mon Achille a la colique.
N'est-ce pas une honte, voisin, de laisser
M. Pasquier exposé seul à la fureur de l'ennemi,
entre M. Roy qui ne parlera que dans la discussion du budget, et M. Portal qui ne parlera jamais ? Ah ! comme on l'a traité dans cette journée
du 15, lui, et ce qui m'a affligé davantage,
son frère Jules, mon ancien camarade ! Mais je

lui rends justice; il est superbe au feu, il n'a pas reculé d'une ligne; c'est un brave, lui; mais vous, mon voisin..... Et ces médecins vous ont tiré du sang! A leur place j'aurais fait précisément tout le contraire. Vous savez, au reste, combien votre absence a nui à vos affaires; le résultat du scrutin a dû vous l'apprendre,

LE MINISTRE.

N'ai-je pas eu la majorité?

LE VOISIN.

Grâce à la pitié des royalistes. Et quelle majorité!.... cinq voix. Vous en triomphez; vous devriez en rougir. Cinq voix! Et, faut-il vous le répéter encore une fois, vous êtes bien heureux, voisin, d'avoir un beau-père; sans lui, sans vos trois collègues qui sont aussi de la famille, que devenait cette imposante majorité de cinq voix qui vous ferait faire de bien tristes réflexions, si votre légèreté naturelle ne vous défendait pas de réfléchir.

LE MINISTRE.

Dites-en tout ce qu'il vous plaira, c'est la majorité.

LE VOISIN.

Si misérable qu'elle soit, vous flattez-vous de la conserver? Vous serez bientôt seul dans ce *milieu* que vous avez si ingénieusement imaginé. Le croirait-on? Jusqu'à ces directeurs généraux qui se donnent aujourd'hui un air d'indépendance, et qui, parce qu'ils sont députés, croient qu'il leur est permis de voter selon leur conscience. Les *ponts et chaussées* vous ont manqué dernièrement; il est vrai que les *Tabacs* vous sont encore fidèles; mais je crains fort qu'ils ne vous échappent au premier jour. Et comment n'abandonnerait-on pas celui qui s'abandonne lui-même?

LE MINISTRE.

Qui vous a dit que je m'abandonnais?

LE VOISIN.

Ne le vois-je pas? Avez-vous, depuis un mois entier, donné une seule fois à dîner?

LE MINISTRE.

Le pouvais-je? j'étais au lit.

LE VOISIN.

Il fallait être à table, eussiez-vous dû vous y faire porter; et dans tous les cas, rien au moins ne vous empêchait de vous y faire représenter. Convient-il donc, parce que le ministre est malade, de mettre les ministériels à la diète? vous n'avez de bon, voisin, que vos dîners, et on ne dîne plus chez vous! Et c'est au moment où la ferveur des fidèles se ralentit que vous interrompez les sacrifices, que vous renversez votre marmite sur laquelle je comptais bien plus que sur votre éloquence! Tout est donc perdu, tout est désespéré, il n'y a plus de gouvernement; car il est bien convenu que rien ne peut marcher en France quand votre tournebroche est arrêté. J'ai signalé, voisin, la grande faute de votre ministère; elle est irréparable, et bientôt vous en porterez la peine.

LE MINISTRE.

Quelle peine, s'il vous plaît?

LE VOISIN.

Priez M. de Mezy de mettre à votre disposition la plus agile de ses malle-postes; vous allez en avoir besoin.

LE MINISTRE.

Vos prédictions ne m'effraient guère. Le roi est-il donc détrôné?

LE VOISIN.

Non, pas encore.

LE MINISTRE.

N'est-ce pas lui qui choisit ses ministres?

LE VOISIN.

N'est-ce pas l'opinion qui les chasse? Mais voyons où vous en êtes ; ce projet d'une nouvelle loi des élections ne tourne-t-il pas au besaigre? Voisin, qu'en dites-vous?

LE MINISTRE.

Calomniez-le donc ; vous ne le connaissez pas.

LE VOISIN.

Et vous, monsieur, le connaissez-vous? On le change tous les jours. Celui de la veille n'est déjà plus celui du lendemain ; et les malins de gloser et de rire, ce qui, par parenthèse, n'est point favorable à votre excellence. Faites-y attention, voisin. On a pu dire que du sublime au ridicule il n'y a qu'un pas ; mais si c'est en passant par le ridicule que vous voulez arriver au sublime, je vous avertis, en bon voisin, que vous prenez le plus long, et que vous embarrassez fort ceux qui songent à écrire l'histoire de votre ministère, car je les vois obligés de la mettre en vaudeville.

LE MINISTRE.

Courage! Usez de tous les droits que vous donne le voisinage.

LE VOISIN.

Et la liberté de la presse que vous m'avez accordée en faisant la grimace, et que vous m'escamoteriez aujourd'hui, si je me laissais faire. C'est vous-même qui me l'avez dit dans notre dernière conférence.

LE MINISTRE.

Vous me l'avez fait dire.

LE VOISIN.

Ne vous ai-je pas deviné? Enfin ce beau projet qui doit vous sauver et la France par son contre-coup, le mettrez-vous bientôt en lumière? L'enfantement est bien laborieux, et le petit duc de Libourne a coûté, j'en suis sûr, moins de douleurs à sa mère. On assure que la pièce étant passablement bouffonne, vous nous la gardez pour notre carnaval. Voisin, dit-on vrai?

LE MINISTRE.

On se moque de moi.

LE VOISIN.

J'en ai peur, et voilà votre plus grande maladie, celle dont votre docteur ne pourra jamais vous guérir. Elle est mortelle ; elle tue les ministres ; surtout en France ; voyez l'état où elle vous a déjà réduit. Les choses en sont venues au point que vous êtes battu par votre propre livrée, par les hommes de qui vous deviez attendre le plus de complaisance et de docilité. Ils passent à l'ennemi en plein jour ; et sous vos yeux, ils désertent avec armes et bagages. Destituez-les donc ; je vous le défends bien. Ce ne sont pas eux des ultras ; vous n'oseriez y toucher. Ce qu'ils tiennent de vous, ils le conserveront malgré vous ; ils vous fustigeront, et vous serez encore assez aimable pour payer les verges. Mais, à propos, voisin, j'entends dire partout qu'ils ne sont que vos procureurs, et que vous vous disposez à les suivre. Qu'en faut-il croire ?

LE MINISTRE.

Atroce calomnie ! Voilà donc le prix d'un dévouement sans bornes aux intérêts de la monarchie !

LE VOISIN.

Puisque nous en sommes là, voisin, combien votre dévouement vous a-t-il rapporté? Faites le compte, et vous verrez que votre marché n'est pas mauvais dans un tems où tous les dévoués sont à l'hôpital. Au reste, voisin, quand il vous plaira. Si vous voulez vous jeter plus fort à gauche, ne vous gênez pas; vous en serez perdu un peu plus tôt. Mais revenons à votre projet; voulez-vous parier qu'il ne sera pas présenté?

LE MINISTRE.

Vous oseriez parier contre moi ?

LE VOISIN.

. Plus hardiment que contre un autre. Le voisin sait-il ce qu'il fera demain?

LE MINISTRE.

Vous perdriez. La loi sera proposée.

LE VOISIN.

Et qui donc la proposera?

LE MINISTRE.

Moi.

LE VOISIN.

Vous? malheureux ! gardez-vous-en bien, vous gâteriez tout. Je vous connais, vous n'êtes pas endurant ; on vous dirait nécessairement de très-bonnes vérités, et vous vous en fâcheriez ; cette petite tête serait bientôt perdue ; puis la vanité s'en mêlerait, et le voisin, ne sachant plus que dire, dirait quelque impertinence à son ordinaire, ce qui, de sa part, étonne toujours, car il n'est pas, lui, un parvenu. Toutefois, je le suppose, vous présenterez la loi ; mais qui l'acceptera ?

LE MINISTRE.

Voilà toute la difficulté.

LE VOISIN.

Elle est grande, voisin. Je la juge insurmontable.

LE MINISTRE.

Croyez-vous me l'apprendre? Je sens mieux que personne l'embarras de ma position ; et je vous dirai, mais ceci est entre nous, que je songe quelquefois à suivre votre conseil.....

LE VOISIN.

Oh! la bonne nouvelle! sérieusement vous songez à partir?

LE MINISTRE.

J'en ai grande envie ; ils s'en tireront comme ils pourront, après moi.

LE VOISIN.

Partez donc bien vite ; le plus tôt sera le mieux. Est-ce pour cette nuit ?

LE MINISTRE.

Non, je me ravise ; après tout, je suis encore ministre.

LE VOISIN.

Petit bonhomme vit encore, mais il ne vivra pas long-tems, car il n'a plus que le souffle.....
Bonsoir, voisin, en attendant votre projet pour le mardi gras.

LE PANIER DU JOURNALISTE.

—

Sunt bona, sunt quædam Mediocria, sunt mala plura.

MARTIAL, Epi. lib. xii.

JE vais signaler un grand abus, dénoncer une injustice criante, provoquer enfin la suppression d'un scandale qui afflige tous les amis des lettres : il s'agit du panier des journalistes. Ne voyez-vous pas que ces messieurs ne rendent compte au public que d'un petit nombre de productions que, par un motif quelconque, ils jugent dignes de fixer leur attention? Pour un ouvrage qu'ils consentent à analyser dans leurs feuilles, il en est cent dont ils ne daignent pas nous entretenir. Ils croiraient surtout déroger s'ils s'abaissaient à ces opuscules, tant en prose qu'en vers, qui composent aujourd'hui une bonne partie de notre trésor littéraire. Or, devinez ce que deviennent ces fruits infortunés de tant de veilles laborieuses. Voués à l'opprobre dès l'instant de leur naissance, ils sont jetés par le journaliste dédaigneux dans un panier placé sous son bureau, et destiné à recevoir ces innocentes victimes de sa coupable indifférence. C'en est fait, jamais la critique ne les honorera d'un coup d'œil ; jamais une légère mention n'avertira le public de leur existence : un éternel oubli, voilà leur destinée. Je vous le demande, est-il un affront plus sanglant pour une brochure honnête que de se voir condamnée au panier? Un cri universel ne devrait-il pas s'élever contre une institution aussi barbare? Les petits talens grandiraient si les journalistes leur donnaient un peu d'air et ne les étouffaient point dans leurs maudits paniers. Qu'on y prenne garde, ces paniers doivent à coup sûr précipiter la décadence de notre littérature.

On accuse notre siècle de stérilité. Quelques esprits chagrins ne cessent de répéter que les chants ont cessé et que les muses françaises sont muettes ; j'ose assurer, au contraire, qu'elles n'ont jamais été plus babillardes ; mais elles ont beau caqueter, comment voulez-vous qu'on les entende si ces malheureux paniers engloutissent les neuf dixièmes des poëmes que la plus noble émulation fait éclore chaque année ? Je ferais de bien terribles révélations si je disais combien d'auteurs y ont été ensevelis tout vivans. L'âge, le sexe, rien n'est sacré pour nous ; les titres, les dignités ne peuvent nous en imposer. Vingt athénées, dont il est l'ornement, ne sauvent pas un poète de l'humiliation du panier ; c'est dans cet abîme que ses jeunes lauriers viennent se flétrir, que viennent pâlir et s'éteindre les rayons de sa gloire naissante. J'ai vu, j'en frémis encore, j'ai vu descendre dans ces catacombes d'osier une académie de province tout entière : président, secrétaire, résidens, associés, tous furent entassés pêle-mêle dans ce vaste sépulcre, avec le recueil fort bien imprimé de leurs œuvres.

Jugez combien de pièces fugitives sont perdues par notre faute. J'ai calculé que la France serait approvisionnée, pour un siècle, de madrigaux, de charades et même d'acrostiches, si nous jetions dans la circulation toutes les richesses dont nous sommes dépositaires. On cesserait alors de se plaindre du silence des muses ; nous sauvant sur la quantité, nous pourrions montrer avec orgueil cent fois plus d'hémistiches que n'en ont produit les deux siècles derniers ; mais il ne faut plus compter sur ce trésor ; l'avare panier ne lâche point sa proie. Ainsi plus d'encouragement : les jeunes poètes suspendront bientôt leurs lyres aux portes de leurs athénées, et nous condamnerons à végéter dans l'obscurité du distique celui qui se fût élevé peut-être à la hauteur du quatrain, si sa muse timide eût été accueillie d'un regard favorable ; car l'émulation se perd, lorsque la gloire, qui est toujours l'objet de ces grands travaux, cesse d'en être la récompense. C'en est donc fait de la poésie, en France, si nous ne brûlons au plus vite tous nos paniers.

Nous ne traitons pas la prose avec plus d'égards que les vers. Beaucoup d'honnêtes gens, par exemple, qui ont d'excellentes intentions et surtout bien du loisir, consacrent leurs veilles au perfectionnement de notre pauvre espèce. C'est une bonne œuvre que les journalistes devraient d'autant plus encourager, que tous les

essais qu'on a faits en ce genre ont complète-
ment réussi. Eh bien! le croiriez-vous? ces journalistes, qui sont peut-être incorrigibles, ne
veulent pas qu'on les perfectionne. Ils regardent
ces beaux projets comme autant de chimères, et
leurs auteurs comme des visionnaires qu'il faudrait
envoyer aux Petites-Maisons. Nos paniers regor-
gent de charmantes utopies dont une seule suffirait pour rendre tous les hommes, s'ils voulaient en essayer, heureux comme des princes,
parfaits comme des Catons. Il ne faut donc pas
s'étonner si la raison n'avance plus d'un pas. Ce
sont nos paniers qui retardent ses progrès et nuisent à la perfectibilité de l'esprit humain. Je ne
parle point des traités de morale, dont les journalistes ne disent jamais un mot; à toute force,
on peut s'en passer; car, Dieu merci, nous avons
des mœurs, et d'ailleurs, si elles venaient à se
perdre, je doute qu'on pût les retrouver dans nos
paniers.

Puisque la peste aurait des flatteurs si elle
donnait des bénéfices, le fléau que je viens de
signaler à l'animadversion publique ne peut manquer de trouver des défenseurs. Ils diront sans
doute que notre indifférence ne nuira jamais

qu'à des ouvrages médiocres ou détestables, et que les bons se passent fort bien de notre ministère. N'en croyez rien. Un exemple trop mémorable a prouvé jusqu'où pouvait aller l'injustice du panier, jusqu'où pouvait s'étendre sa puissance. Ce n'est point, comme on l'a prétendu, ce n'est point à cause des opinions politiques de son illustre auteur que le poëme épique, dont nos voisins sont aujourd'hui si fiers, a langui un siècle entier dans un injuste oubli ; car il est bien difficile de se persuader qu'une nation éclairée puisse ainsi conspirer contre ses plaisirs et sa gloire. Le *Paradis perdu* aurait été connu et admiré plus tôt si les journalistes du tems eussent pris la peine de le lire. Mais ces paresseux, qui cependant faisaient de très-bonne grâce deux ou trois articles à six colonnes sur les productions efféminées des poètes de la cour, furent effrayés d'un sujet puisé dans la Bible. Ils proscrivirent le poëme sur son titre, et jetèrent dans leurs paniers cet Adam, le meilleur des hommes, le Grandisson du berceau du monde, qui aurait vécu fort heureux dans son petit jardin anglais si on n'eût pas fait la sottise de le marier ; cette Ève, la plus belle des créatures, fort aimable avec son innocence, que chacun voudrait lui enlever, et qui, même après son accident, est encore très-désirable ; ces bons anges qui sont assez bien, ces mauvais qui sont mieux ; enfin ce père Éternel qui est si beau, et ce Satan qui l'est davantage. On assure qu'à l'aspect de sa nouvelle prison, le prince des démons fit éclater plus d'indignation et de rage que lorsque le Tout-Puissant le précipita dans l'abîme des enfers. Avocats du panier, cherchez maintenant à atténuer ses torts.

Heureusement, pour l'honneur du corps, ce fut un journaliste qui répara cette grande injustice. Addison, ayant trouvé ce chef-d'œuvre au fond du panier d'un de ses prédécesseurs, en fit sentir les beautés, et révéla à ses compatriotes toute la gloire du chantre d'Eden. Jusqu'alors l'Europe, qui ne sait jamais que ce que les journaux veulent bien lui apprendre, avait ignoré l'existence d'un poëme, rival de *l'Iliade*, et, disent les Anglais, vainqueur de *la Jérusalem*. Au moment de la découverte, l'Angleterre se souleva contre ses journalistes, et le parlement, qui venait d'ajourner à cent ans l'abolition de la traite des nègres, décréta la suppression des paniers. Aussi voyons-nous que les journalistes anglais rendent compte des moindres bagatelles qui leur sont adressées. Il ne paraît pas une brochure dans les trois royaumes dont on ne lise l'extrait dans leurs feuilles : voilà pourquoi, dans ce pays-là, une concorde vraiment fraternelle, une amitié touchante unit les critiques et les hommes de lettres, et vous le concevez facilement : un moyen infaillible de plaire aux petits auteurs, c'est de parler des petits ouvrages ; espérons qu'à l'instar de leurs confrères d'outre-mer, les journalistes français feront un auto-da-fé de leurs paniers, qui donnent un air si mesquin à notre littérature, et ont peut-être déjà absorbé une douzaine d'épopées.

Quant à moi, je confesse que mon panier commence à peser furieusement sur ma conscience ; je ne puis le regarder sans éprouver des remords. Ce n'est plus qu'en détournant la tête que je grossis le nombre de ses victimes, et je n'y jette pas une des légères productions de M. Hus sans songer au Paradis perdu. Quelquefois il me prend envie de vider ce vaste tombeau et d'exhumer enfin toutes les brochures que j'y ai enterrées. Leur triste condition excite ma sensibilité ; je crois entendre leurs plaintes ; elles me reprochent de les avoir condamnées sans les lire, et précipitées dans la nuit du panier au moment où elles allaient jouir du bienfait de la lumière.

..... Dulcis vitæ exsortes et ab ubere raptos
Abstulit atra dies et funere mersit acerbo.

Ces cris me déchirent le cœur ; décidément je vais m'exécuter et vider ce panier accusateur qui me poursuit jusque dans mes songes. C'est un parti pris : je me voue au culte des divinités les plus inconnues ; je révélerai à la France des poètes qu'elle ne peut soupçonner, des philosophes dont elle ne se doute pas, des fous qui se croient sages et des sages qui sont fous ; enfin, pour vivre en paix avec moi-même, je ramasserai avec soin tous les grands hommes que mes confrères laissent traîner dans la poussière de leurs bureaux. Gare mon panier !

LE SORCIER

DU FAUBOURG SAINT-GERMAIN.

> *Somnia , terrores magicos , miracula , sagas*
> *Nocturnos lemures , portentaque.*
>
> HORACE.
>
> Songes, sorciers, devins, prodiges, fantômes
> imposteurs, terreurs magiques, noirs esprits, etc.

On brûlait autrefois les magiciens et les sorciers. C'était leur bon tems ; ils étaient sûrs alors
d'être respectés. Tout a changé pour eux. Je ne
sais quelle philosophie les a discrédités dans
l'opinion publique, et a jeté du ridicule sur leur
puissance et leurs évocations. Les esprits forts

cherchent à expliquer par les lois de la physique ce qu'il était si simple et bien plus commode d'attribuer à un pouvoir surnaturel, qui explique tout ce qu'on veut. C'est de leur part pure obstination; que leur en coûterait-il de croire aux revenans? Mais ces gens-là ne veulent pas se payer de mauvaises raisons, et n'admettent que ce qui leur paraît rigoureusement démontré. En vain don Calmet leur dit et s'égosille à leur répéter que les spectres et les fantômes sont fort communs, et qu'il suffit d'ouvrir les yeux pour en voir; ils rejettent avec mépris une autorité si respectable; et lorsque ce savant homme, qui est aussi un esprit fort à sa manière, ajoute très-judicieusement que les magiciens ne sont que des fondés de pouvoirs, et n'agissent qu'en vertu d'une procuration que le diable leur a donnée, ils ne se tiennent pas encore pour battus, et prétendent que le diable ne prouve rien. Le moyen de convaincre des entêtés qui ne croient ni au diable ni à don Calmet?

Heureusement, malgré la corruption du siècle, il se trouve encore beaucoup d'honnêtes gens qui ne se soucient guère d'être plus fins que leurs pères, et qui ne badinent point du tout avec les revenans. Les uns en ont vu, les autres ont cru en voir, ce qui revient au même. Je serais donc bien malheureux, si ces bonnes têtes allaient regarder comme des fables les faits que je veux leur raconter, ou me chicanaient sur les conséquences que je crois devoir en déduire. Les personnes dont je parle savent d'ailleurs aussi bien que moi que raisonner est une grande fatigue, et que, dans cette matière, la foi est bien douce lorsqu'on s'y abandonne sans examen.

N'était-ce donc pas un magicien que cet aveugle qui, dans *l'Odyssée*, évoque les héros morts en combattant sous les murs d'une bicoque, appelée Troie, et sur les bords du Scamandre, fleuve célèbre, qui pourtant, avec sa permission, ne serait qu'un ruisseau s'il n'avait pas un nom grec? N'était-ce pas encore une vieille sorcière que cette sibylle qui, dans le sixième livre de *l'Enéide*, fait voir à Enée tous les grands hommes de sa race? et, sans remonter si haut, ce Cagliostro qui n'a pas fait assez de bruit, n'y avait-il pas quelque diablerie dans son fait? aurait-il, sans cela, compté parmi ses dupes un personnage de la plus haute distinction, homme d'esprit, et membre d'une académie qui ne se piquait certainement pas d'une trop grande crédulité?

Mais comment douterai-je, moi, de l'existence des sorciers? J'en ai vu un dimanche dernier. Je voulais voir autre chose; mais imaginez-vous que tout ce qui n'avait pu trouver place au Cirque-Olympique ou aux Variétés s'était jeté de désespoir sur *Héraclius*. Corneille vivait ce jour-là des rebuts de Franconi et de Brunet, des restes de l'éléphant et de *M. Croquemitaine*. Il y a encore du goût en France, et beaucoup plus qu'on ne le croit communément. « Un sorcier vaut bien un éléphant, me dit un de mes amis qui m'accompagnait; suivez-moi. » Il me conduisit à l'ancienne abbaye de Saint-Germain-des-Prés; c'est là que le magicien, qui, m'a-t-on dit, se nomme M. Lebreton, a élu domicile. On sait que les revenans affectionnent beaucoup les vieilles abbayes et les vieux châteaux, vérité que certains romanciers bien gais, bien bouffons, ont mise dans son plus grand jour.

Nous arrivâmes. En lisant l'inscription tracée en gros caractères sur la porte du souterrain,

*Animas ille evocat Orco
Pallentes,*

et cette autre, mille fois plus terrible, parce qu'elle est en français : *C'est ici le séjour des ombres errantes*, je me crus au sabbat, et me signai, à toute aventure. Cependant le magicien chuchotait quelques mots du grimoire. La plus profonde obscurité favorisait ses diaboliques évocations. Une ombre apparut. J'avoue qu'elle n'avait rien de très-effrayant. C'était l'ombre d'une femme charmante que la mort a ravie trop tôt à l'admiration de ceux qui avaient le bonheur de la voir de près. La beauté d'Olinde lui attirait cependant moins d'hommages que sa constance en amour. Son nom sera inscrit en lettres d'or dans les fastes de la fidélité. Chacun de ses amans était sûr de lui plaire un mois entier, et ce n'était qu'au commencement du mois suivant que son cœur sensible, ah! bien sensible! éprouvait le besoin d'un nouvel attachement. Elle n'est plus. Le ciel a envié à la terre son plus bel ornement. Elle n'est plus : j'ai du moins revu son ombre ; j'ai reconnu tous ses traits, et ces yeux où se peignait une douce mélancolie, et cette bouche où, pour paraître plus séduisante, la volupté aimait à se placer, et cette taille que la ceinture de Vénus n'aurait pu embellir. Une seule chose m'a surpris : l'ombre d'Olinde n'était point habillée dans le dernier goût ; la garniture de sa robe était surannée ; la couleur de ses plumes est proscrite depuis huit jours. Le *Journal des Dames* arrive beaucoup trop tard en province et chez les ombres.

A l'ombre d'Olinde succéda l'ombre d'un vénérable chartreux qui disait son bréviaire avec beaucoup de recueillement, et avait l'air fort taciturne. Cela se conçoit sans peine : puisque en général les ombres sont silencieuses, on sent bien que l'ombre d'un chartreux ne doit pas être très-babillarde.

Le chartreux fut remplacé par des diables d'une assez mauvaise mine. Mais, le croiriez-vous ? ils ne firent peur à personne. Les enfans s'amusaient de leurs griffes, et lorsqu'ils approchaient de trop près, les dames, en riant, badinaient avec leurs cornes. Au reste, il est bon de savoir que si quelqu'un de ces diables voulait faire des siennes, M. Lebreton le chasserait bien vite, car il a tous les pouvoirs nécessaires pour exorciser les malins esprits.

Quelle est cette ombre nouvelle qu'on aperçoit dans l'éloignement, et dont la forme, point encore dessinée, exerce la curiosité des spectateurs ? « C'est un diable, dit l'un ; c'est une femme, » dit l'autre : tous deux devinaient juste. C'était une prude, vrai pendant de l'Arsinoé du *Misanthrope*. Elle s'avançait et semblait se diriger de mon côté. « Je suis perdu, me dit bas à l'oreille un de mes voisins ; c'est ma femme qui ressuscite pour me tourmenter encore. » Je cherchai à le rassurer. Je lui dis que, puisque Dieu lui avait fait la grâce de le rendre veuf, il ne serait point assez cruel pour lui renvoyer sa femme ; que cela passerait les bornes d'une honnête plaisanterie. Le voisin n'en tremblait pas moins de tous ses membres, et ses craintes ne commencèrent à se dissiper que lorsque le magicien eut fait enlever la prude par deux diables, les plus noirs que j'aie vus de ma vie. Ainsi soient enlevées toutes les prudes! quant aux coquettes, on peut encore les corriger...... au théâtre.

Qu'entends-je? tous les signes précurseurs de l'orage se manifestent : déjà l'éclair sillonne la nue ; le tonnerre gronde au loin ; il s'approche ; il est sur nos têtes ; il tombe à nos pieds. Ainsi, nouveau Salmonée, notre sorcier lance la foudre à la barbe de Jupiter, qui craint lui-même d'en être frappé. Voilà comme il faut tonner quand on veut s'en mêler. Le tonnerre de l'Opéra n'est qu'un morveux auprès de celui de l'abbaye Saint-Germain.

Qu'on ne s'attende pas à me voir retracer ici tous les prodiges dont je fus le témoin. Ils sont tels, qu'un poète du Midi ne saurait les exagérer. Que les esprits forts les regardent comme des illusions d'optique, moi je prétends que c'est de la belle et bonne sorcellerie. On ne m'attrape pas aisément : ce que j'ai vu, je l'ai bien vu ; j'avais mes lunettes.

J'ai vu une douzaine d'ombres de poètes se disputer une place vacante dans une ombre d'académie, et présenter à leurs juges des ombres de poëmes. Que de conjectures ne formait-on pas sur le résultat de ce grand concours ! mais aucune ne fut réalisée. Les juges décidèrent fort sagement que le fauteuil vacant ne serait point occupé pendant une année entière, et cette décision fut généralement applaudie.

J'ai vu deux ombres d'auteurs dramatiques plaider en première instance devant Minos, et réjouir, par leurs débats puérils, toute l'infernale assistance ; les diables qui les écoutaient s'amusaient comme des bienheureux ; et quand Minos eut prononcé sa sentence, ils demandèrent, en pouffant de rire, qu'une cause si drôle fût portée en appel devant Pluton, ce qui arriva.

Cet événement mit tout le sombre empire en goguettes, et M. Lebreton profita habilement de ces heureuses dispositions pour faire exécuter devant nous la danse des morts, qui termine ordinairement son spectacle. Les ombres les plus gentilles avaient un pas dans le ballet ; les diables y firent d'admirables pirouettes, tandis que le chartreux battait la mesure sur son bréviaire, au son agréable de l'harmonica. Bientôt un Amour, beau comme un ange, vint prendre

part à cette fête ; mais son carquois était dégarni
de flèches ; il n'y a pas là de cœurs à percer. Si
l'on fait l'amour aux enfers, c'est en tout bien,
tout honneur. Entre deux ombres, cela ne peut
jamais aller bien loin.

— N° XXXI. —

SARTJÉE,

ou

LA VÉNUS HOTTENTOTE A SON COUSIN.

> Les habitans de Paris sont d'une curiosité qui va jusqu'à l'extravagance. Lorsque j'arrivai, je fus regardée comme si j'avais été envoyée du ciel Vieillards, femmes, enfans, tous voulaient me voir.…. Chose admirable ! je trouvais de mes portraits partout ; je me voyais multiplié dans toutes les boutiques, sur toutes les cheminées, tant on craignait de ne m'avoir pas assez vue.
>
> MONTESQUIEU , *Lettres persanes.*

Mon ami, je me plais ici autant que je m'ennuyais à Londres. L'air de Paris convient aux femmes aimables. Je n'ai excité nulle part une aussi vive curiosité. On accourt de tous côtés pour voir Sartjée. Ces gens-là ne sont pas dégoûtés ! mais leurs questions, car ils ne cessent de m'en faire, m'embarrassaient fort dans les premiers jours. Le hottentot n'est pas très-cultivé à Paris, et je ne savais pas un mot de leur jargon. Il était donc assez difficile de nous entendre. A présent j'écorche passablement le français. On prétend même que certaines dames de haut parage ne s'expriment pas avec plus d'élégance que la Vénus hottentote. Je n'ai cependant eu d'autre maître que mon cornac. C'est le nom qu'on donne ici au savant qui m'y a amenée.

Grâce à ses leçons, je puis aujourd'hui converser avec les curieux qui paient pour me voir et que j'observe pour leur argent; mais, plus libre avec elles, ce sont surtout les personnes de mon sexe que j'aime à entretenir. En général, les Françaises parlent peu : c'est un défaut qu'on leur reproche depuis long-tems. Ma qualité d'étrangère les rend moins silencieuses; elles m'apprennent mille choses que j'ignorais, mille secrets importans qu'elle n'ont jamais révélés qu'à moi seule. Je dois cette confiance au vif intérêt que je leur inspire; car elles sont, entre elles, d'une discrétion à toute épreuve. Je me flatte de les bien connaître. Tu sais à quel degré je pos-

sède l'esprit d'observation : on ne me trompe
pas aisément.

Mon ami, sans les Hottentotes les Françaises seraient les plus jolies femmes de la terre ;
mais, par modestie, elles ne veulent pas qu'on
le sache. Leur manière de se vêtir cache ce
qu'elles ont de plus agréable. Les modes les plus
bizarres, les moins propres à relever l'éclat de
leurs charmes, sont toujours celles qu'elles pré-
fèrent. Honteuses de plaire, et craignant d'exci-
ter des désirs, elles se parent de ce qui les en-
laidit : c'est pousser la modestie un peu loin ;
mais voilà comme elles sont. Jamais on ne viendra à bout de leur faire sentir les avantages de
la coquetterie. Le mot seul les effraie. Elles portent aujourd'hui des chapeaux si hauts, qu'il
faut se lever sur la pointe des pieds pour atteindre à l'extrémité ; mais ceci tient à une circonstance que je veux te faire connaître.

Quelques Anglaises arrivèrent ici il y a deux
mois ; elles étaient coiffées à la manière de leur
pays, avec des chapeaux très-bas. D'abord on
s'en moqua : c'est toujours par là que l'on commence en France ; puis on invita poliment les
voisines à vouloir bien, par déférence, porter

des chapeaux un peu plus élevés : on ne leur demandait que deux pouces de plus. Les voisines,
très-entêtées sous leurs petits chapeaux, tinrent
bon, et jurèrent qu'elles ne quitteraient pas
leurs *galettes*. Outrées de cette obstination, les
Françaises commandèrent aussitôt des chapeaux
encore plus élevés que ceux qu'elles avaient por-
tés jusqu'alors. Par esprit de contradiction, les
Anglaises firent baisser les leurs d'un bon pouce.
Ainsi, c'était à qui, par esprit national, s'en-
laidirait le plus; et on craignit un instant que
cette guerre des chapeaux ne devînt la cause
d'une guerre plus sérieuse entre les deux peuples ; mais leurs gouvernemens furent assez
sages pour ne point entrer dans cette querelle.
Toujours est-il vrai que les plus jolies femmes
de la terre, après les Hottentotes, se coiffent
aujourd'hui à faire peur pour mieux prouver
leur patriotisme. Il a même été décidé dans un
comité, présidé par une marchande de modes
très-célèbre, nommée monsieur Leroy, que cette
coiffure bizarre serait portée tout l'hiver, ce qu'il
faut regarder comme un phénomène extraordinaire dans les fastes de la toilette. La mode
change ici comme le vent, et cependant elle

compte une foule d'adorateurs; chose bien diffi-cile à expliquer, car les Françaises n'ont point de caprices : je les ai assez étudiées pour m'en convaincre.

Elles s'habillaient, l'année dernière, à la chi-noise, et il n'y avait rien de plus ridicule. J'ai conseillé à toutes celles que j'ai eu occasion de voir, de s'habiller cette année à la hottentote, ce qui serait de très-bon goût. Elles m'ont ré-pondu, avec une ingénuité charmante, que nos modes étaient trop naturelles et ne cachaient presque rien. Quelle modestie! mais aussi quel préjugé! N'avons-nous pas un tablier qui des-cend presque jusqu'aux genoux, et qui siérait à merveille à ces dames, surtout avec leurs cha-peaux en pyramides? Elles pourraient, d'ailleurs, si elles le trouvaient trop court, l'allonger un peu; mais je n'en sens pas la nécessité. Tel que nous le portons, c'est un vêtement fort décent; et il faut y regarder de très-près pour voir quel-que chose. Le principal est donc sauvé. Quant aux accessoires, ils n'exigent pas la même sur-veillance.

Tu sais, au reste, mon ami, par ta propre expérience, que, si naturelles que soient nos modes, elles n'ôtent rien à la sévérité de nos mœurs. Avant que les vieillards de notre. *kraal* m'eussent accordé la permission de porter des anneaux *, tù n'obtins de moi que des espérances. Jusqu'à cette époque, une jeune Hottentote, bien née, ne donne pas davantage. Pourtant je t'aimais bien, et tu as dû t'en apercevoir lorsque j'eus mes anneaux. J'espère au moins que tu ne doutes pas de ma fidélité. Il est vrai qu'une femme honnête, qui voyage pour son instruction, pour agrandir le cercle de ses idées, court plus de risques qu'une autre. On en cite plusieurs exemples. Mais, quoi qu'il puisse m'arriver, rassure-toi, mon ami, mon cœur est ton bien; je te le garde. Ces Anglais que je quitte l'auraient payé bien cher; je n'ai pas voulu le leur laisser. Encore une fois, je te le garde.

En France aussi je fais des conquêtes, et ma résistance a d'autant plus de mérite, que les moyens de séduction sont plus dangereux. Der-

---

* Cette permission de porter des anneaux n'est accordée aux Hottentotes que lorsqu'elles sont nubiles.

nièrement, dois-je conter cela à mon cousin?
un jeune homme très-aimable , mais bien incon-
sidéré , me fit une proposition dont ma vertu ne
put s'empêcher d'être révoltée. Cet imprudent
parlait très-haut, et la salle était remplie de curieux. Ma réponse le désespéra , et il sortit en
jurant qu'il allait se jeter à la rivière. Je fus affligée de sa résolution. Les Hottentotes sont sensibles; mais qu'y pouvais-je faire? il y avait
tant de monde dans cette salle! Je croyais donc
le pauvre garçon bien noyé, lorsque je le trouvai quelques jours après dans un bal auquel j'a-
vais été invitée.

C'est déjà une chose fort bonne à savoir que,
dans ce pays-ci, la danse calme le désespoir de
tous les amans malheureux. Je fis , dans la même
soirée, une autre observation qui ne me causa
pas moins de surprise. Les Françaises dansent
avec grâce, mais sans passion, sans vivacité. Il
est facile de voir que ce genre de divertissement
n'est pas de leur goût, et qu'elles ne s'y prêtent
que par complaisance. Aussi se font-elles toujours prier pour danser. Leurs danses d'ailleurs
sont très-monotones. Ah! cousin, vivent les nô-

tres, et surtout celle *du singe* et *du babouin*, que nous dansons à quatre pates avec une si grande vérité d'imitation, et surtout avec tant de décence, sans déranger notre tablier, au moins par devant, c'est le principal. Les danses françaises ne la valent pas à beaucoup près.

Pendant que ces dames dansaient, je m'entretenais avec mes voisins. On ne sait causer qu'en France. Le plus souvent, ce qu'on y entend n'a pas le sens commun; mais il est impossible de donner à des sottises une tournure plus agréable et de déraisonner avec plus de grâce. En vérité, ces Français sont bien séduisans. Mais ne crains rien, mon ami, ce n'est pas ici qu'une femme apprend à être infidèle. Les mœurs y sont aussi sévères que chez nous. Tu vas en juger.

Un mari poursuivit, il y a quelques années, sa femme en justice pour cause d'adultère. Cette accusation causa un grand scandale : elle était inouie. Tout Paris aussitôt prit parti contre l'accusateur; on le regarda comme un monstre. Peu s'en fallut qu'il ne fût lapidé. Les plaidoieries s'ouvrirent; il y assista, et quoique sa figure

vînt à l'appui de sa plainte, les avocats, après
lui avoir reproché toute l'horreur de sa conduite,
et lui avoir fait sentir combien il méritait peu la
femme vertueuse et impeccable qu'il calomniait,
demandèrent qu'il fût mis hors de cour, vu l'im-
possibilité du cas.

Le tribunal faisant droit, ouies les raisons et
les injures des avocats, le débouta de sa demande, et le condamna aux frais, avec injonc-
tion d'être moins jaloux et plus confiant à l'avenir. Nos vieillards n'auraient pas mieux jugé.
Depuis sa condamnation, le mari débouté n'ose
plus se montrer, et il fait bien : les femmes lui
arracheraient les yeux pour venger l'honneur de
leur sexe. Cette fureur et toutes les circonstances du procès prouvent évidemment qu'une pareille accusation répugne aux mœurs générales,
qui éloignent ici jusqu'au soupçon d'une infidé-
lité. Mais en France, comme ailleurs, les apparences sont trompeuses ; aussi les gens raisonnables ne s'y fient pas, et, pour être plus sûrs
de leur fait, refusent de croire même ce qu'ils
voient.

Appelé l'autre jour par une très-grande dame

qui désirait me voir, je me rendis à son hôtel ,
accompagnée de mon cornac, qui ne me quitte
guère. Elle n'était pas seule : un jeune homme
lui tenait compagnie, et prenait avec elle les
plus douces familiarités conjugales. Nos baisers
n'étaient pas plus tendres le jour où je portai des
anneaux pour la première fois. Je fus enchantée
de trouver deux époux si bien unis. Le tableau
d'un bon ménage fait toujours plaisir à voir.
Mais, lorsqu'en sortant, je fis part de cette observation à mon conducteur, il éclata de rire et
osa me soutenir que le mari était en ce moment
à près de deux cents lieues de Paris. Garde-toi
bien, au moins, d'en rien croire. Mon cornac
est une mauvaise langue. Je gagerais mon tablier qu'il a menti, ou que cette dame n'est pas
Française.

On a dit, mon cousin, beaucoup trop de mal
des Français. Plus on vit avec eux, plus on apprend à les estimer ; mais je ne voudrais pas que
cette nation fût voisine de notre *kraal :* elle ne
nous laisserait certainement pas fumer en paix.
Cette douce inaction, si chère aux Hottentots et
aux marmotes, lui est insupportable ; elle s'agite

sans cesse, et, dans ce mouvement perpétuel,
il est bien difficile qu'elle ne coudoie pas un peu
ses voisins. Belliqueuse avant tout, un jour de
bataille est pour ses jeunes guerriers un jour de
fête ; ils s'inquiètent peu de mourir ; ce qui leur
importe, c'est de vaincre ; et à voir comme ces
enragés courent au feu, on dirait que c'est la
vie qui leur fait peur, et qu'ils craignent seulement de ne point mourir assez tôt. Ils se bat-
taient hier ; ennuyés de ne pas se battre aujour-
d'hui, ils demandent si demain, au moins, il y
aura quelque chose à faire : têtes folles, qui ne
mûrissent que lorsqu'on les casse.

Mais comme, si bien qu'on s'y prenne, on ne
peut accorder à tous cette insigne faveur, ceux
qui en reviennent se croient les plus malheureux.
Ils accusent le canon de leur avoir fait un passe-
droit ; ils reprochent aux bombes de s'être dé-
tournées à dessein de nuire à leur avancement.
Amoureux des dangers, deux ou trois blessures
ne font que les affriander ; et, sont-ils mutilés,
ils se plaignent moins du bras qu'ils ont perdu
que de celui qui leur reste, et dont ils espèrent
bien se défaire à la première occasion. En at-

tendant, ils veulent au moins qu'une décoration ostensible, juste et honorable récompense de leur bravoure, atteste à tous les regards que, s'ils vivent encore, ce n'est pas leur faute, et qu'ils se sont assez bien conduits pour mériter de mourir. Tu avoueras qu'avec de tels soldats, qu'admirent même ceux qui sont le plus dispensés de les aimer, on peut tout oser et tout exécuter; mais, le croirais-tu? le chef de ces braves, l'homme que leur courage et la fortune avaient élevé au plus haut point de gloire et de puissance, paraît avoir plus de philosophie. Il a perdu le plus bel empire du monde, et il se porte à merveille. Le cas qu'il a fait de la vie, dans une pareille circonstance, a bien étonné des gens si habitués à mépriser la mort.

Je veux maintenant te faire part des renseignemens que j'ai reçus sur des braves d'une autre espèce, encore plus nombreux que les premiers; mais heureusement moins redoutables, parce que les armes dont ils se servent sont moins dangereuses. Ce sont les guerriers-discoureurs, ou les nouvellistes, qui parlent lorsque les autres agissent. Au premier signal, ils entrent en campagne, et prennent dans les cafés des positions respectables, d'où il n'est pas facile de les débusquer. C'est de là qu'un journal à la main, ils dirigent toutes les opérations militaires, tracent aux généraux les plans qu'ils doivent suivre, et ne leur permettent point de s'en écarter. Rien ne se fait qu'ils ne l'aient prévu. Leur coup d'œil est si sûr! leur pénétration si grande! .

Leurs relations sont d'ailleurs très-étendues, et ils sont si bien servis par leurs correspondans, que leurs courriers précèdent toujours de vingt-quatre heures ceux du gouvernement; ils savent qu'un choc est inévitable et qu'il sera terrible. Ils font aussitôt les dispositions convenables, rangent l'armée en bataille, avancent, attaquent avec impétuosité, jonchent la terre de cadavres et sont fort embarrassés de leurs prisonniers, tant le nombre est considérable. On apprend le lendemain que, là où ils ont combattu, il n'y avait point de combattans, et que les troupes qu'ils ont fatiguées n'ont point quitté leurs cantonnemens. Mais ils n'en veulent rien croire, et soutiennent que le silence qu'on garde sur cette grande journée est un calcul de la politique, et que les puissances belligérantes sont convenues de détruire leurs armées sans en dire un mot à personne. Quant à l'armée des nouvellistes , elle est toujours au complet. Voilà vingt ans qu'ils font la guerre , exécutent les manœuvres les plus savantes autour du poêle qui les réunit, et tournent l'ennemi en prenant leur demi-tasse ; mais si vive que soit la mêlée , toús les soirs, à la même heure , ils se retirent en bon ordre , sans avoir éprouvé aucun accident fâcheux. Les guerriers-discoureurs sont invulnérables.

Aussi ce jeu leur plaisait fort ; mais voilà , qu'au moment où ils s'y attendaient le. moins , une paix générale , conclue sans leur participation, rend inutiles et leur bravoure et tous les plans de campagne qu'ils avaient préparés pour l'année prochaine. Plus de siéges à faire , plus de combats à livrer , plus d'ennemis à mettre en déroute complète , à poursuivre sans relâche ; enfin, plus de carnage : l'hiver sera bien triste ! De quoi causeront-ils ? et qui voudra les écouter ? Déjà ils s'aperçoivent qu'on n'a plus pour eux cette considération qu'ils devaient surtout aux bonnes et sûres nouvelles dont ils étaient toujours si bien approvisionnés , et à l'habileté avec laquelle ils faisaient manœuvrer de grandes armées sur un petit terrain. Très-estimés pendant la guerre, on les regarde à peine depuis que la paix est faite. Aussi sont-ils très-mécontens ; mais ils espèrent que cet état de choses ne durera pas long-tems, et qu'au premier jour l'Europe entière sera en feu. Ils croient l'honneur de la France compromis, s'ils n'ont plus rien à dire et plus de combats à décrire. Enfin, tout est perdu, si on ne se tue pas, pour leur donner le plaisir de compter les morts.

Leur mauvaise humeur s'adoucirait cependant s'ils étaient mieux payés de leurs travaux, et si le prix de la valeur était accordé à leurs vives instances ; car on sait, à n'en pas douter, que plusieurs d'entre eux, atteints de la maladie régnante, ont aussi demandé la décoration des braves ; mais c'est en vain qu'ils ont adressé au ministre l'état de leurs services, duement constatés par tous les habitués de cafés où ils ont fait la guerre. Leurs mémoires sont restés sans réponse ; et lorsqu'ils s'informent dans les bureaux du point où est leur affaire, les commis, qui aiment à rire, en attendant quatre heures, les prient de dire à quelle bataille ils ont été blessés. Voilà donc vingt campagnes perdues pour eux. Incessamment on aura besoin de leurs conseils et de leurs lumières, mais ils ne montreront plus la même complaisance : car ils sont très-mécontens : ils le disent très-haut partout, et ne cesseront de le répéter.

Le moyen de les empêcher! Ceux dont je t'ai parlé en commençant cette lettre, qui regrettent tant de n'être point encore enterrés, s'habitueront peu à peu à la paix, et, après quelques façons, consentiront à vivre ; mais les autres ne consentiront jamais à se taire, et peut-être n'en seraient-ils pas les maîtres. Cela tient plus qu'on ne pense à leur organisation physique et morale. Nous autres Hottentots, esprits méditatifs, nous fumerions des mois entiers sans dire un mot. Au contraire, un Français taciturne, ou qui ne parle qu'à propos, donne de très-vives inquiétudes sur sa santé ; et, dès qu'il refléchit, les médecins en désespèrent et se retirent. Il faut donc, quoi qu'on en ait, permettre ici de causer, puisque la vie en dépend.

On croit cette permission dangereuse ; et on a bien tort ; car c'est presque toujours sur des sujets assez frivoles que les Français exercent leur malignité. Si quelquefois ils oublient leur légèreté naturelle : si, raisonnables par boutade, ils s'avisent de vouloir se mêler de leurs affaires, laissez-les dire et fronder ; ils crieront, mais ils paieront ; ils se débattront de toutes forces, mais vous finirez par les lier : c'est vraiment un bon peuple, et celui de tous que j'aimerais le mieux à gouverner. Il est vif, irascible ; mais sa rancune ne tient pas et ses vengeances ne sont pas cruelles.

A mon arrivée dans ce pays, on en voulait beaucoup à certains individus qui avaient un peu trop abusé du privilége qu'ont les hommes puissans d'opprimer et de nuire. Ailleurs, ces honnêtes gens auraient eu tout à craindre de l'exaspération des esprits. Ici, ils en ont été quittes pour la honte, châtiment bien doux pour ceux qui, depuis long-tems, s'étaient défaits fort avantageusement de leur honneur. De petites images, appelées caricatures, dans lesquelles ils figuraient d'une manière assez plaisante, des couplets satiriques, quelques épigrammes qui, encore, n'étaient pas toutes très-bonnes, voilà tout ce qu'ont produit de trop justes ressentimens. On a ri, et on s'est cru vengé. Ce seul trait suffirait pour te faire connaître une nation dont on dirait beaucoup plus de bien si on s'attachait plus à peindre ses heureuses qualités que ses travers.

Bonsoir, cousin. Voici l'heure où les curieux viennent me visiter ; je ne puis pas les faire attendre. Bonsoir donc. Penses toujours à Sartjée. Mon cornac te fait ses complimens.

Pour copie conforme :

L'HERMITE DU FAUBOURG SAINT-GERMAIN.

LE PREMIER JOUR DE L'AN,

ou

LES ÉTRENNES DE LA BIENFAISANCE.

—

Crede mihi, res est ingeniosa dare.
OVID., *Elég.*, liv. II.

Croyez-moi, c'est un art que de savoir donner.

JE rendis ces jours derniers une visite à Mme**,
plus connue chez les pauvres que dans le monde.
Elle était assise auprès d'une table, et occupée
à compter de l'argent, qu'elle divisait ensuite en
plusieurs parties. « Vous arrivez bien à propos,

me dit-elle, en me voyant entrer. Asseyez-vous,
tenons conseil. Le jour terrible approche ; je
songe aux étrennes que je dois donner à mes
deux filles et à Jules. Voyons, quel est votre
avis ? Dirigez-moi dans mes emplettes. » Mme ***
me disait tout cela d'un ton qui m'annonçait
assez qu'elle attendait le jour terrible avec autant d'impatience que ses enfans. Je lisais dans
ses regards , qu'animait la joie la plus pure,
qu'elle savourait d'avance tout le plaisir qu'elle
devait bientôt leur procurer. Enfin, le cœur d'une
mère était là, que puis-je dire de plus ?

Ces premiers arrangemens terminés, Mme ***
prit un air plus grave, et fit d'autres paquets contenant des sommes différentes. « Avez-vous donc,
lui demandai-je en souriant, avez-vous d'autres
enfans? » Un oui fort sec fut sa seule réponse ;
mais, trahie bientôt par une émotion involon-
taire que je partageais, et voyant que j'avais
pénétré tout le mystère : « Vous avez mon secret, me dit-elle; au moins sachez le garder.
Ce sont les étrennes des pauvres. Il faut bien, dans
un jour où l'allégresse devrait être générale,
adoucir quelques peines, essuyer quelques lar-

mes. » Je fus beaucoup moins surpris que touché. Je savais, depuis long-tems, que Mme *** s'était fait une douce habitude de la bienfaisance , et que tous les indigens de son quartier ne prononçaient jamais son nom qu'avec attendrissement.

Ce sont les étrennes des pauvres. Voilà ce que j'ai entendu , ce que je ne puis plus oublier. Que de malheureux seraient secourus, si l'exemple que donne tous les ans Mme *** était plus suivi! Sa fortune n'est pas très-considérable ; le bien qu'elle fait est immense. *Ce sont les étrennes des pauvres.* Ces mots me reviennent sans cesse. Je voudrais qu'ils retentissent dans tous les cœurs. C'est surtout dans cette saison que les secours ordinaires ne suffisent plus pour combler l'abîme creusé par la misère. Bien des travaux cessent; plus de maux se font sentir; plus de bras étant dans l'inaction, plus de familles sont sans soutien. Il est bien grand alors, le nombre des victimes du sort , de ces enfans que le hasard a déshérités, et qui attendent tout de la seule compassion qu'excite leur infortune !

C'est pour eux que je plaide aujourd'hui.

Cette cause est sacrée. Sans vouloir rien ôter au sang, à l'amitié, je réclame pour le malheur, qui a aussi ses droits, une part dans ces présens qu'un usage antique et touchant a consacrés. Il ne me convient pas de la déterminer. Que chacun la proportionne à ses facultés. Si légère qu'elle soit, elle sera toujours très-utile. Il faut si peu de chose pour soulager celui qui manque de tout ! Ce que coûte la moindre bagatelle, le prix du colifichet le plus inutile peut apaiser les cris d'une famille entière. Songez-y ; le moment me semble bien favorable. Les cœurs vont s'ouvrir aux douces émotions, aux sentimens généreux ; comment le plus noble de tous n'y trouverait-il pas un accès facile ?

Cette bienfaisance, je l'invoque autant pour l'intérêt des riches que pour celui des pauvres ; on peut même, en quelque sorte, la regarder comme une vertu de précaution ; car elle est aujourd'hui une des plus sûres garanties de la tranquillité publique et du respect qu'on doit aux propriétés. Vous ne doutez pas que la grande disproportion des fortunes n'excite très-souvent de sourds blasphèmes, de dangereuses réclamations. Or, est-ce par le raisonnement que vous prétendez les combattre? Raisonne-t-on avec la faim ? Vient-on à bout de persuader ou de convaincre le désespoir ? Vos lois, même les plus sévères, sont insuffisantes. On les élude, on les brave ; la bienfaisance seule peut familiariser celui qui souffre avec ce désordre social, nécessaire, inévitable, j'en conviens, mais dont il est l'innocente victime. Elle peut seule réconcilier l'extrême misère avec l'extrême opulence. C'est son plus grand avantage. Il échappe peut-être à une multitude irréfléchie; d'autres, au moins, seront saisis sans peine.

La bienfaisance répare souvent bien des torts. On voit surtout dans les troubles politiques s'élever des fortunes trop rapides, trop extraordinaires, pour que l'envie puisse les pardonner. Si, ce que je veux pourtant ignorer, s'il en était aujourd'hui quelques-unes dont la voix publique accusât justement l'origine, voici, pour ceux qui les possèdent, un moyen sûr et facile de les réconcilier avec l'opinion, et d'apaiser les plaintes même légitimes; que le malheur, qu'ils ont connu peut-être, trouve en eux un appui; qu'ils

mettent de côté les étrennes des pauvres; la bienfaisance purifiera cet or qui n'est point sans al-
liage. On ne songera plus à demander d'où il
provient lorsqu'on en verra une partie consacrée
au soulagement de l'humanité souffrante. La récompense est grande pour un sacrifice bien léger.

Avant la révolution, un homme, qu'on re-
connaîtra aisément, était arrivé à ce degré d'o-
pulence où la cupidité elle-même semble n'a-
voir plus de vœux à former. Je crois que, pour
y parvenir, il ne s'était servi que de voies honorables. Mais la malignité jouait son rôle accoutumé, semait le doute et le soupçon, cherchait
enfin à faire prévaloir une opinion différente. Au
commencement de l'année 1784, B*** ouvrit
un asile à la douleur dans un des faubourgs de
cette capitale. Aussitôt le bienfait étouffa les
murmures, la reconnaissance cria plus haut que
l'envie. Des ingrats enlevèrent, il y a quelques
années, à cet hospice, le nom de son fondateur.
La reconnaissance le lui fit rendre; elle veut
perpétuer avec honneur la mémoire d'un homme
que toutes ses richesses n'auraient pu sauver de
l'oubli. Voilà ce qu'on gagne à donner les étren-

nes des pauvres. La vanité trouve donc aussi son compte dans les œuvres de la bienfaisance. Mais de plus pures, de plus douces jouissances leur sont attachées.

Celui dont je viens de parler éprouvait depuis long-tems le plus cruel des tourmens, la satiété ; il n'y avait plus de plaisirs pour lui : il était blasé sur tous. Il demandait vainement à son or ce que l'or ne peut donner. Pauvre riche ! Il désespérait d'être jamais heureux ; il le fut lorsqu'il eut secouru les malheureux. Le bonheur qui avait fui l'homme opulent revint auprès de l'homme sensible. Ainsi la bienfaisance paie avec usure, ainsi le plaisir s'accroît même de ce qu'il semble qu'on lui ôte. Les bons cœurs le savent, l'éprouvent sans cesse ; mais leur secret n'est point assez divulgué : les pauvres ne reçoivent pas assez souvent leurs étrennes.

Un de leurs avocats se présenta un jour au milieu d'une de ces réunions nombreuses et bruyantes, dont le commencement de l'année est l'occasion ordinaire. Il y était inconnu ; mais son âge, sa figure et la noblesse de ses manières imposaient le respect. On l'écouta avec intérêt.

C'était la vertu qu'on croyait entendre : « Je ne
» viens point, dit cet envoyé de la bienfaisance,
» je ne viens point troubler une fête dont j'ap-
» prouve le motif. Paix et délices aux cœurs qui
» savent aimer ! Mais l'abondance est ici, et à
» deux pas la misère portée à son comble. Pen-
» dant que vous vous réjouissez, d'autres souf-
» frent, d'autres pleurent à côté de vous. Ne
» ferez-vous rien pour eux? ils sont aussi de la
» famille. » Une bourse était dans sa main ; elle
fut remplie en un instant. Alors l'ange de la charité s'inclina et sortit. Tous les ans, à la même
époque, les mêmes personnes se réunissent, et
jamais elles ne se séparent sans avoir pensé à
ceux qui sont aussi de la famille. Ce souvenir,
de leur propre aveu, augmente le charme de
leur réunion. La joie est plus vive, plus franche :
les expressions de l'amitié plus tendres, les sou-
haits plus ardens, plus souvent répétés. Dans
la cause que je défends, je ne dois rien négliger ;
et, puisque le plaisir est le but d'un grand nombre
bre de nos actions, c'est par son attrait que j'excite à la bienfaisance.

Mme ***, dont j'ai parlé au commencement

de cet article, ne paraît que bien rarement dans ces cercles brillans que les agrémens de son esprit rendraient peut-être moins fastidieux. L'exercice habituel d'une vertu, qui chez elle est devenue une passion, répand sur son existence un bonheur qu'elle ne trouverait point dans la dissipation du monde. Visiter chaque jour quelques-uns de ses *pensionnaires*, deviner leurs besoins, donner à tous des secours et des consolations, voler enfin partout où le malheur l'appelle, voilà ses amusemens. Depuis qu'elle les connaît, tous les autres n'ont plus de prix à ses yeux. C'est à elle que j'ai entendu dire qu'une seule bonne action nous suivait partout, pour nous rendre heureux de souvenir. Chacun peut en faire l'expérience.

Bien des piéges, je l'avoue, sont tendus à la sensibilité ; c'est le malheur réel qu'il est doux de soulager, et celui-là se cache, craint la lumière : on ne le rencontre pas souvent. Les pauvres qui ont le plus de droits à la compassion sont précisément ceux qui cherchent le moins à l'émouvoir. Leur travail les nourrissait ; ce travail est interrompu ; ils souffrent ; ils mourront avant de se dégrader : il faut savoir respecter leur honorable pudeur. Les secours qu'ils rougiraient de mendier , il faut les leur porter. C'est, dans ce cas, au riche à faire les avances, à visiter le pauvre dans sa triste demeure. Qu'y verra-t-il? toutes les misères réunies dans un seul lieu et sur une seule famille ; une mère peut-être sur le point de remplir le devoir le plus auguste que la nature ait imposé à son sexe, une mère obligée de pleurer sur sa fécondité ; près d'elle, ses enfans, trop nombreux, dont les cris, ces cris aigus de la faim, déchirent son cœur, ajoutent à ses souffrances.... Si ce tableau, dont à dessein je voile une partie, s'offrait plus souvent aux regards de l'opulence, il n'y aurait bientôt plus de malheureux, car c'est une justice à rendre au caractère d'une nation qu'on se plaît trop à dénigrer : un Français n'approche jamais du malheur sans chercher à l'adoucir.

Mais la dissipation entraîne les uns ; d'autres sont retenus par une fausse délicatesse. Eh bien! les voilà tous avertis. Qu'ils s'adressent à ces trésorières des pauvres, à ces dames plus recommandables par leur vertu que par le rang qu'elles tiennent dans le monde, dont tous les jours, toutes les heures, tous les instans sont consacrés aux œuvres de la bienfaisance. Quelques soins qu'elles prennent pour se dérober à nos regards, elles font trop de bien pour vivre ignorées. La reconnaissance a trahi leur humilité. Qu'on s'adresse donc à elles. Comme une charité d'habitude a, pour être utile, des secrets qu'elle seule peut connaître, les dons qui leur sont confiés arrivent plus sûrement à leur destination. Si modiques qu'ils soient, elles les reçoivent avec une touchante sensibilité; elles savent qu'une goutte d'eau ranime le voyageur que la soif tourmente dans le désert.

Serait-ce une illusion? je crois déjà voir les mères de famille en présence de leurs enfans, pour qui cette leçon ne sera point perdue, réserver, dans la distribution des présens du premier jour de l'an, une part pour l'infortune; elles disent, comme Mme ***, *ce sont les étrennes des pauvres*. Chacune donne suivant ses moyens : ici, un peu plus; là, un peu moins; partout quelque chose, et le malheur est consolé. Une femme, comme on a pu le voir, m'a fourni cette idée.

C'est dans le cœur de toutes les femmes que je la dépose ; elle doit y fructifier. J'apprendrai peut-être dans quelques jours qu'on n'a point tout-à-fait oublié ceux qui sont aussi de la famille.

IL A RÊVÉ CELA.

—

J'AI connu dans ma jeunesse un fort honnête homme qui, fatigué de voir comment les choses se passent ici-bas, indigné surtout de certains désordres qui ont lieu dans le monde moral, ne cessait de répéter : « Ah! si j'étais Dieu, tout irait mieux. Je ferais ceci, j'empêcherais cela. Les gens de bien prospéreraient sur la terre, et les fripons et les hypocrites y passeraient mal leur tems. » Comme on voit, l'honnête homme voulait tout changer, et il disait toujours : « Ah! si j'étais Dieu! » Cette seule idée l'absorbait le jour et la nuit. Elle le perdit ; son cerveau s'embrasa, et un beau matin, en se réveillant, le malheureux s'écria : « Je suis Dieu! » Il était bon, mais bon à lier. Vous pouvez le voir encore aux Petites-Maisons, où il est connu sous le nom du *Père éternel;* infortuné d'autant plus à plaindre qu'une passion peu commune, la passion du bien, l'a conduit là.

Formez donc des vœux téméraires : ils sont bien dangereux! et pourtant cette maladie n'est que trop ordinaire. C'était la mienne il y a quelques années, et je n'en suis pas encore tout-à-fait guéri. A la vérité, je n'ai jamais eu autant d'ambition que le *Père éternel;* la place, d'ailleurs, était prise, et il faut respecter la possession. Mais à une époque où la folie visait quelquefois assez juste, quand je vis à qui les trônes se donnaient, je me persuadai fortement que tôt ou tard il y en aurait un pour moi. Et pourquoi n'aurais-je pas alors été compté parmi les rois? J'étais, je pense, du bois dont on les faisait. Triste effet des bouleversemens politiques : il n'y a plus de modération dans les désirs ; toutes les places semblent vacantes, et chacun ne veut se contenter que de la première ; on rêve tout éveillé.

Je rêvais donc, et je disais souvent : « Ah! si j'étais roi! » Et, d'avance, j'étudiais mon rôle, afin d'avoir, en débutant, un air moins emprunté. Je m'essayais à régner. Bientôt je régnai en imagination. Non, jamais monarque n'a formé d'aussi beaux projets pour le bonheur des peuples soumis à ses lois. Un roi dont la mémoire sera éternellement chère aux Français, promettait la poule au pot; et s'il eût encore vécu quelques années, ce vœu touchant de sa bonté eût été accompli. Plus généreux, je voulais que le dernier de mes sujets pût, le dimanche, avoir sur sa table au moins un chapon au riz, tant il est facile de faire le bien quand on rêve.

Cependant mes amis se moquaient de mes projets, de mon admirable utopie, et surtout de mon chapon. Ils me riaient au nez, et disaient que je rêvais. Ils disaient vrai, mais je n'en voulais rien croire; l'erreur m'était trop agréable. Alors, comme aujourd'hui, je n'étais heureux qu'en songe. Le métier, d'ailleurs, me semblait bon, et je ne me souciais pas d'en changer. On s'imagine que c'est un lourd fardeau que celui des affaires publiques. Je ne m'en suis pas aperçu.

Il fallait des événemens extraordinaires pour me détrôner. La Providence, qui fut un peu aidée, les fit naître. Ces rois dont l'élévation subite m'avait fait concevoir de si hautes, de si folles espérances, ces rois, dont l'exemple m'avait gâté, disparurent. Leurs trônes, en s'écroulant, mirent le mien en cannelle. Enfin mon songe finit avec le leur. Il était tems, car ma tête, qui n'a jamais été très-forte, commençait à se désorganiser, et je ne pouvais manquer d'aller bientôt m'asseoir à la droite du *Père éternel.* Mais je suis sûr que mes peuples me regrettent encore. Je les gouvernais avec tant de douceur! j'étais si bon prince! Quand on les comparait à moi, le Titus de la chanson, *le petit roi d'Yvetot* passait pour un tyran, quoique, certainement, il ne fût pas méchant.

Je perdais un royaume, mais je conservais l'habitude de rêver; avec elle on ne reste pas long-tems sans occupation. L'époque des élections de 1815 approchait; et je n'eus pas plutôt dit : *Ah! si j'étais député*, que je fus nommé par mon département au premier tour de scrutin, et à l'unanimité, moins une seule voix ; et cette voix encore était la mienne, que j'avais eu la sotte délicatesse de me refuser : comme si, dans

les bonnes occasions, il était permis de s'oublier.
Je siégeai donc à la chambre, où je crois que je
siégerais encore, sans une proposition très-in-
discrète que j'eus le malheur de faire, et que je
me reproche amèrement. Les discours écrits me
déplaisaient; j'avais cru m'apercevoir qu'ils pro-
longeaient quelquefois la discussion sans l'éclairer. Ils avaient d'ailleurs un inconvénient bien
plus grave : ils retardaient l'heure de mon dîner.
Ne m'avisai-je pas de demander que l'usage qui
les consacrait fût aboli? Je vis aussitôt tous les
cahiers sortir des poches qui leur servaient de
retraite, et me menacer de châtier ma témérité.
Ils en étaient capables. La frayeur que me causa
leur seule apparition fut si grande, que je me ré-
veillai en criant miséricorde, et que de repré-
sentant je devins représenté.

C'est vous dire que j'étais encore une fois sur
le pavé; mais une imagination ardente, toujours
prompte à réparer mes pertes, vint à mon secours. Tout l'été dernier, je fus tantôt conseiller
d'état et tantôt ministre. Si je n'avais obtenu
qu'une simple direction, je me serais cru en disgrâce et j'aurais crié bien haut. Tous les porte-

feuilles m'ont passé successivement par les mains.
Il n'est pas enfin un seul grand emploi auquel je
n'aie été appelé ; et il est bon qu'on sache que
je les ai tous exercés avec intégrité. Quand je
pense que j'étais, la semaine dernière, contrô-
leur des finances d'un monarque plus riche que
Salomon , je suis tout étonné de me trouver
aussi gueux qu'auparavant, et votre surprise doit
égaler la mienne ; mais, excusez, si je dis de
moi le peu de bien que j'en pense ; il faut bien
que je fasse mes affaires moi-même, puisque tous
ceux qui me flattaient le plus quand j'étais puissant , passent aujourd'hui à côté de moi sans me
rendre mon salut, et que l'honnête homme qui
voulait malgré moi être mon historiographe , et
qui, en cette qualité, avait déjà commencé mon
panégyrique, assure, même en présence de mon
caissier, qu'il ne m'a jamais vu. Est-ce là de
l'impudence? Il n'y a, heureusement, que les
amis du ministre qui aient disparu; tous les miens
me restent ; et cette bonne fortune, que je souhaite à mes successeurs, je la dois, qu'ils s'en
souviennent, à la simplicité de mes mœurs; que
les plus hautes dignités n'ont jamais pu changer.
Tous ceux qui s'adressaient à moi disaient, en

sortant : « Son excellence a l'abord facile et l'accueil agréable ; » ils disaient vrai, le ministre était moins fier que ses commis.

Le sage profite de tout. A l'illusion substituez la réalité : combien n'aurais-je pas souffert, si j'avais, en effet, perdu tout ce que j'ai cru un instant posséder ? Me voilà donc averti de l'instabilité des choses humaines, et j'ai fait, en rêvant, un excellent cours de philosophie pratique. Une couronne n'a plus d'attrait pour moi ; mon règne a été si court ! je ne me mets même plus sur les rangs pour être ministre, puisque je ne pourrais pas l'être long-tems, et que, d'ailleurs, il me souvient de mes flatteurs et de mon historiographe. Je renonce enfin à des grandeurs trop passagères, auxquelles il n'est pas sage de prétendre. Tous mes vœux, tous mes rêves sont raisonnables. Je rêve maintenant... Mais quelle chute ! Je rêve... Allons, point de fausse honte ! lorsqu'un roi de Syracuse s'est fait maître d'école et a donné des férules aux polissons de Corinthe, je puis bien me faire commissaire de quartier à Paris. Je le suis. Voyez mon écharpe, et suivez-moi dans ma tournée.-

Phaétons téméraires, à trente sous par heure,

redoutez mon active surveillance ; modérez, croyez-moi, l'ardeur de vos coursiers fougueux, quoique souvent à jeûn ; enfin écrasez les gens un peu plus doucement ; que le son aigu du grelot retentisse aux extrémités de la rue : je veux que les sourds eux-mêmes en soient étourdis. La nuit va tomber ; vite, allumez vos lanternes, et surtout criez *gare !* criez-le sans cesse ; criez-le à tue-tête. Ne dirait-on pas que ces messieurs craignent de s'enrouer et de gâter leur voix ? certes il leur arrivera pis, si je les trouve en défaut. Commissaire inexorable, je ne reçois aucune excuse ; je ne cède à aucune considération : cocher, cheval et cabriolet, j'arrête tout, j'envoie tout en lieu sûr : le salut des passans, celui du commissaire lui-même exige cette rigueur. Respect aux piétons, je n'ai point encore d'équipage.

Bon Dieu ! que la nouvelle Athènes est sale ! on n'y peut faire un pas sans se couvrir de boue ; et le peuple, qu'on dit être le plus spirituel de l'Europe, en est très-certainement le plus crotté. Patience ! cet abus va cesser, ou j'y perdrai mon écharpe. Çà, qu'on lave et qu'on balaie : non moins que les monumens le balai embellit les cités ; et votre Louvre, dont vous êtes si fiers, semblerait plus magnifique sans sa ceinture de boue : balayez donc et lavez ; lavez et balayez ; je n'ai plus d'autre refrain ; et malheur aux paresseux ! Leur négligence leur coûtera cher. Je veux les ruiner en frais ; et pour les empêcher de se plaindre, je m'exécute le premier : je mets le commissaire à l'amende.

Mesdemoiselles, vous commencez votre promenade un peu tard : ne craignez-vous pas qu'à cette heure, et surtout en hiver... Vous riez ? Je vous devine. Or, écoutez : je sais tout ce qu'on dit en votre faveur ; on affirme que sans vous l'honneur de ma femme ne serait pas en sûreté. Je vous remercie de vouloir prendre la peine de répondre pour elle. Les philosophes qui vous aiment prétendent que vous êtes un mal nécessaire. Je veux le croire ; mais je suis, moi, le commissaire ; et le mal que je ne puis empêcher, je cherche au moins à le rendre supportable. De la modestie, mesdemoiselles, de la modestie ; elle vous sied si bien ! C'est un charme de plus ; et vous ne sauriez trop en avoir. Jolies et modestes, vous ferez tourner les meilleures têtes du quartier, et peut-être celle du commissaire ; mais, prenez-y garde, point de propos trop gaillards, point de gestes trop expressifs, point d'indécentes provocations : vous qui sauvez l'honneur de ma femme, craignez de blesser la pudeur de mes filles ; sinon... je suis le commissaire.

Qu'entends-je là-haut? j'y cours, j'y arrive. Encore un mal nécessaire. Je ne rencontre pas autre chose. Voyons, pourquoi tout ce tapage? Monsieur est ruiné. De quoi se plaint-il? ne sait-il pas que voilà comme on s'amuse ici? Qu'il sorte donc et cède sa place à un autre. Il faut que chacun s'amuse à son tour. Ces joueurs ne sont pas raisonnables. Si on les croyait, on n'en ruinerait pas un seul. Or, que deviendrait le mal nécessaire ?

J'achève ma tournée, et, en rentrant chez moi, je m'assure que les rues sont suffisamment éclairées. C'est bien le moins que dans le siècle des lumières l'huile des réverbères soit de bonne qualité... J'entends sonner... Coffrez bien vite ces petits drôles-là. Voler si peu de chose! Le cas est pendable... On sonne encore... Mademoiselle, je vous l'avais bien dit. Passez dans mon cabinet ; je suis à vous dans un instant... On sonnera donc toute la nuit. Je vois que c'est pour ne pas dormir qu'on est commissaire de police à Paris. En ce cas, serviteur. Je donne ma démission.

— Nº XXXIV. —

UN TOUR DE PALAIS-ROYAL.

Il était défendu à Saint-George de se battre en duel ; je demande s'il devrait être permis à M. Fayolle de concourir pour le prix du distique ? N'est-il pas toujours sûr de vaincre ? Je me plaindrais moins, au reste, de son accablante supériorité, s'il s'était abstenu de traduire deux vers latins insérés, il y a quelque tems, dans une feuille publique, et grossièrement injurieux pour le Palais-Royal. Ce distique, composé dans une langue innocente, n'avait pas fait tout le mal que son auteur en attendait. Plus d'un malin l'avait pris pour un logogryphe et renonçait à le deviner, lorsque l'élégante et concise tra-duction de M. Fayolle en donna le mot au public. Alors la calomnie eut beau jeu ; elle commenta l'affreux distique dans les conversations et les journaux, et je vis le moment où, sans avoir été ouï dans sa défense, le Palais-Royal allait passer pour un mauvais lieu.

Ses ennemis faisaient rage ; ils rappelaient sa conduite dans les premiers jours de notre révolution, et ils se gardaient bien de dire qu'il était fort jeune à cette époque, et qu'il a bien réparé depuis cet égarement de sa jeunesse dont, après tout, il ne doit pas répondre, qu'il n'est même pas raisonnable de lui imputer ; car si vous défendez de fréquenter tous les lieux auxquels on peut faire de semblables reproches, il faudra rester chez soi. Qui osera traverser la rue de la Ferronnerie et beaucoup d'autres? Je ne sais, en vérité, si, avec un pareil système d'accusation, le Pont-aux-Choux, malgré sa candeur, n'aurait pas de risques à courir.

Accordez-moi qu'on peut innocemment, en dépit du distique, se promener au Palais-Royal; je ne vous en demande pas davantage. Tous les vices, dites-vous, s'y trouvent réunis. Il y en a bien quelques-uns ; mais, comme je puis m'en passer, ce ne sont pas eux, en conscience, que je vais chercher au Palais-Royal; c'est ma demitasse. Le café *** où je la prends est un lieu fort décent. Les morceaux de sucre n'y sont pas tout-à-fait aussi gros, mais la politique y est beaucoup plus forte qu'au café de la Régence. Or, quoi qu'il arrive, il me faut toujours un peu de politique après le café ; elle me tient lieu du petit verre de liqueur que je ne demande jamais, trop heureux de pouvoir concilier mes goûts avec l'économie !

Je trouve toujours là cinq à six bonnes têtes, des têtes carrées comme la mienne. Il fait bon nous entendre discuter et résoudre toutes les questions soumises aux délibérations de la chambre des députés, dont nous formons, à proprement parler, le dixième bureau. On vient de nous adresser le projet de loi sur la liberté de la presse, et nous commençons à l'examiner. Peste ! le cas est embarrassant.

Nos têtes carrées se partagent. — Pour cette fois, nous la tenons. — Pas encore. — Il nous la faut. — Il ne nous la faut pas. — Si. — Non. — Nous l'aurons. — Vous ne l'aurez pas. — Il y a de bonnes raisons pour. — Et contre. Si vous aviez lu comme moi les *Petites-Affiches* avant la révolution ! elles étaient quelquefois d'une étourderie !...

Messieurs, votre discussion est très-lumineuse ; mais ne trouvez-vous pas qu'elle devient un peu trop vive ? Rien, d'ailleurs, ne nous presse. Voilà, s'il vous en souvient, trente ans à peu près que cette question est mise sur le tapis, et que nous la discutons à cette même table. Encore un peu de patience ; attendons de nouvelles lumières, afin qu'on ne nous accuse pas de précipitation. Puis, à vous parler vrai, je tiens un peu moins à cette liberté qu'à l'autre. Ah ! cette autre, on m'obligera fort si on veut me la laisser. Savez-vous pourquoi ? C'est que je ne serais nulle part aussi bien que chez moi. Et mon tour de Palais-Royal ! pourrais-je le faire ?

Trouverais-je ailleurs ces galeries, qui seront un jour de pierre, où je me promène tous les soirs et où je crois toujours me promener pour la première fois ? Elles ne m'ont jamais paru plus riantes qu'aujourd'hui. Non, je n'y ai jamais vu

plus de mouvement, plus d'activité. Une époque, chère au Palais-Royal, y a rappelé l'in-
dustrie ; le 1ᵉʳ janvier approche, et, pour le célébrer, les galeries de bois se couronnent de
chapeaux plus élégans, et se parent de plumes
et de fleurs plus fraîches. Agréable décoration !
coup d'œil ravissant ! mais ma femme n'en jouira
pas.

Je ne la conduis jamais ni au Palais-Royal,
ni dans les rues voisines. Lorsque, l'été, nous
sortons ensemble, Paris finit pour nous où il
commence pour d'autres. Nous allons jusqu'au
café Turc exclusivement. Tout ce qu'elle verrait
ici et dans les environs troublerait son sommeil,
et le mien par conséquent. Ces cachemires surtout qu'un art perfide a tissus pour le désespoir
des maris me rendraient la vie bien dure ; mais
je ne les crains pas. Ma femme, grâce à mes
soins, a le Palais-Royal en horreur. Je n'ai pas
manqué de lui faire lire et le distique et tout ce
qui a été écrit contre cet abominable lieu. J'ai
en outre composé sa petite bibliothèque d'excellens traités contre le luxe, contre la recherche
dans la parure des femmes, enfin contre toutes

les folles dépenses. Ces sages précautions et l'é-
loignement du Palais-Royal m'ont sauvé. J'en
dors mieux, et ma vie en est plus douce. Je
souffrirais beaucoup, mais beaucoup, si le Palais-
Royal était au Marais; et pourtant je l'aime, cet
abominable lieu.

J'aime le luxe aussi : je ne le chasse de chez
moi que parce qu'il n'y serait pas à sa place. Je
le vois volontiers ailleurs. Il paraît que les grands
états ne peuvent pas s'en passer, et le Palais-
Royal encore moins ; sans le luxe, il ferait triste
figure ; tout le monde le fuirait, et ce serait peut-
être alors un lieu fort honnête ; sans le luxe, les
deux tiers de ses magasins de modes seraient fer-
més demain matin ; et alors quelle désolation
dans les galeries de bois ! Vous n'y verriez plus
ee qu'il vous est si agréable d'y voir, et ce que
vous venez peut-être y chercher. Vous devinez
de qui je veux parler.

En vérité, les modistes sont encore plus jolies
en décembre que dans tous les autres mois de
l'année ; elles le sont sans doute exprès, à cause
de la circonstance. Je les trouve aussi et plus
gaies et plus éveillées. Mais souvenez-vous bien

que l'innocence a toujours des manières un peu libres : elle ne sait pas encore, heureuse ignorance ! pourquoi on se contraint ; ainsi, parce que ces demoiselles rient, chantent et folâtrent du matin jusqu'au soir, gardez-vous de concevoir aucun soupçon injurieux à leur honneur ; je réponds d'elles comme de moi. Vous le voyez : elles sont sans cesse occupées ; leurs doigts délicats ne se reposent pas un instant. Or, de l'aveu de tous les moralistes, le travail chasse les mauvaises pensées. Que l'aiguille a fait de bien à la terre ! et que ces demoiselles lui ont d'obligations !

Il se trouve encore cependant des promeneurs assez simples pour prendre au sérieux un air engageant qui n'est que posé, et rien de plus, et pour regarder comme des agaceries certaines mines qui, vu la familiarité permise à l'innocence, ne signifient rien du tout. Vos badauds de province y sont toujours attrapés ; aussi, comme l'innocence se moque d'eux !... Mais je crois que cette petite brune, du magasin de Mme ***, me sourit.....-Si..... Pourquoi pas ? Y penses-tu, vieux fou ? Quand on déraisonne de puis trente ans sur la liberté de la presse, il faut renoncer au sourire de la petite brune et de la petite blonde. — Cela est vrai ; mais qui n'y aurait été pris comme moi ? Il faut convenir que l'innocence a des manières bien libres et un sourire bien expressif au Palais-Royal. C'est encore à l'influence de l'époque que nous devons cela. Je n'ai pas besoin d'almanach pour savoir que le 1er janvier approche ; je le vois dans les yeux plus vifs, plus animés de ces demoiselles, et dans leur sourire plus expressif, dont je ne serai plus dupe.

Aimez-vous la variété ? Le Palais-Royal est son temple. La scène y change à chaque pas. Ici la dissipation, et là un profond recueillement. Ici, sans cesse, on jase, on babille. Là règne un éternel silence. Les cabinets de lecture sont les chartreuses du Palais-Royal. On y suit, dans toute sa rigueur, la règle de saint Bruno. N'en soyez pas surpris. L'étude de nos journaux exige une grande contention d'esprit ; il ne suffit pas de les lire, il faut les méditer. Ce qu'ils disent est sans doute fort intéressant ; ce qu'ils ne disent pas l'est peut-être davantage. L'art con-

siste à le deviner, et à trouver dans les inter-
lignes ce pain des forts. Mais nos politiques à
bésicles ne vont pas si loin : ils croient savoir
tout ce qu'il y a dans les journaux, parce qu'ils
les ont lus, et se plaignent souvent de n'y avoir
rien trouvé, parce qu'ils n'y ont lu que ce que
nous y avons mis ; c'était bien la peine d'inventer
les lunettes.

Bien des gens valent mieux que leur réputation. C'est l'histoire de ce pauvre Palais-Royal,
qui, mieux connu, serait jugé plus favorablement. Quelle erreur, par exemple, de croire
qu'on ne puisse y satisfaire que des goûts puérils
et frivoles ! Vous y comptez plus de libraires que
de marchandes de modes, et dix fois plus de brochures que de chapeaux ; mais, depuis quelques
jours, ces brochures ont disparu sous les livres
d'étrennes, sous les chansonniers et les almanachs de toute espèce. J'ai vu, en passant chez
Dentu, j'ai vu le *Chansonnier de Momus* étouf-
fant sous lui trois opuscules polémiques qui venaient de naître, tandis qu'un peu plus loin,
l'Astrologue parisien, qui, connaissant bien son
siècle, s'est fait charlatan pour réussir, couvrait

de son bonnet en pain de sucre un gros ouvrage
politico-métaphysique, dont l'ennui est au moins
ajourné. C'est un répit que nous vaut la nouvelle
année. Le premier janvier a sa trève. Bénissons-
la, et désirons qu'elle se prolonge.

Mais je ne me trompe pas; c'est M. *** que
j'aperçois au bout de la galerie. Ah! qu'il arrive
à point! le bon argument que sa présence me
fournit! Cet académicien respectable, l'un des
Nestors de notre littérature, va, suivant son
usage, faire une innocente partie d'échecs au
café... Je l'y ai vu cent fois, et je me souviens
avec orgueil que j'ai eu l'honneur d'y jouer avec
lui, et même de lui donner un pion, que je suis
loin de vouloir lui reprocher, car il n'est pas
très-fort.

Répondez maintenant, détracteurs du Palais-
Royal. S'il était aussi noir que vous le faites, si
tous les bruits qui courent sur son compte étaient
fondés, m'y trouverais-je en si honorable compagnie?

UN TOUR DE PALAIS-ROYAL.

SUITE.

———

J'AIME les voyageurs qui font le tour du globe sans sortir de leurs chambres à coucher ; je lis volontiers les relations qu'ils écrivent au coin du feu. Elles ne manquent point d'intérêt ; mais peut-être seraient-elles un peu plus fidèles si leurs auteurs s'étaient promenés au Palais-Royal. C'est l'abrégé des quatre ou cinq parties du monde ; c'est l'univers en miniature.

Voulez-vous visiter la Suisse et ses sites pit-toresques ? Voulez-vous, nouveau Saussure, gravir au haut des Alpes, donnez-vous la peine de monter au premier étage. La cime complai-sante des Alpes vient de s'y abaisser pour vous épargner les fatigues d'une course toujours pénible et quelquefois dangereuse. De là vos regards se portent sur le Simplon et le mont Saint-Bernard. Les miens cherchent le village de Ferney et le château de son seigneur. Que n'ai-je pu voir le seigneur lui-même dans le dernier voyage qu'il fit à Paris ! je dirais au moins : *Virgilium vidi tantùm* ; mais je l'ai manqué de vingt-quatre heures. Lorsque je me présentai chez le marquis de Villette, son portier me dit, la larme à l'œil, qu'il ne croyait pas que je pusse voir M. de Voltaire, parce qu'il était mort la veille. Ce fâcheux contre-tems m'a fait grand tort : ma visite n'était pas tout-à-fait désintéressée. Je savais que Voltaire venait de donner sa canne à M. Clos, son écritoire à un autre, et sa dernière plume à Villette, qui, par parenthèse, ne s'en est jamais servi. Je comptais, moi, prier ce beau génie de me laisser emporter une de ses pantoufles. Quand on sait à quel prix la canne a été vendue, il y a quelque tems, on peut deviner tout le parti que j'aurais tiré de la pantoufle ; car il est bien reconnu que la canne d'un grand homme est moins *sentimentale*, et parle moins au cœur et à l'imagination que sa pantoufle. Mais il n'en faut plus parler, puisque j'ai manqué de vingt-quatre heures le grand homme et la pantoufle.

Descendons : d'autres prodiges nous appellent. N'êtes-vous pas ébloui comme moi du vif éclat que jettent ces boutiques resplendissantes de lumière, et où le diamant et le rubis étincellent? Certes, si tout ce qui brille est or, et au Palais-Royal il n'est pas permis d'en douter, force est de croire que Golconde dépose ici les plus riches produits de ses mines. Bonne renommée, va-t-on me dire, vaut mieux que ceinture dorée. Je connais ce vieux proverbe ; il est bien heureux d'avoir été fait; car, s'il était à faire, il ne passerait pas à la pluralité des voix. Je dirais bien qui voudrait qu'on le retournât; que le Palais-Royal ne soit donc pas assez sot pour s'en inquiéter ; qu'il soit toujours fier des trésors accumulés dans son enceinte, et qu'il oppose, avec orgueil, ses bijoutiers aux moralistes. Son cas est précisément celui de beaucoup d'honnêtes gens de notre connaissance, à qui on aurait bien quelque petit reproche à faire s'ils avaient eu la maladresse de manquer leur coup; mais ils ont réussi. Qu'avez-vous à leur dire? Leur succès a couvert leurs fredaines ; demandez-le plutôt aux moralistes qui vont dîner chez eux. S'enrichir, c'est réparer. Aux gueux la besace et tous les torts.

Tu n'as pas prospéré, toi, mon pauvre ami, lugubre appariteur du théâtre de *Séraphin*. On ne s'engraisse pas au métier que tu fais... Vous le prendriez pour une des *Ombres* qu'il annonce depuis si long-tems au bas de cet escalier. Je ne passe jamais à côté de ce revenant sans le plaindre, surtout l'hiver, et sans lui offrir une prise de tabac : on doit encourager tous les arts, tous les talens.

Le Palais-Royal est leur patrie ; vous en trouvez jusque dans ses caves : nous avons *les Aveugles*, qui font tant de bruit qu'on croirait qu'ils ont perdu leurs bâtons. Nous avons le Sauvage, e Ventriloque : tout ce qu'il y a de curieux, d'extraordinaire, nous arrive. Nous attendions le crocodile ; déjà il avait loué un appartement ; il en avait même donné le denier adieu ; mais une indisposition subite ne lui a point permis de se rendre à nos vœux ; quelque bipède nous en consolera.

Je sais qu'il existe des préjugés contre les souterrains du Palais-Royal : des censeurs, qui ignorent que je les ai vus, me demanderont ce que j'y vais faire. Qui leur a dit que j'y faisais quelque chose? N'ai-je pas trouvé le moyen de mettre d'accord leur délicatesse et ma curiosité? Quand la scène se passe dans une cave, je prends un billet de soupirail. Après tout, ne soyez pas si dédaigneux : vous savez où la haute société s'ennuie et bâille assez souvent. Seriez-vous fâché d'apprendre où le peuple s'amuse? C'est pour vous le dire, qu'en me promenant, je vais de son côté ; d'autres observent les salons ; moi, je fais la rue.

L'esprit humain n'a point de bornes ; les philosophes l'avaient dit ; M. Berthelemot l'a prouvé. Vous croyez, chaque année, qu'il ne pourra jamais mieux faire, et l'année suivante il se surpasse encore, et offre à vos regards étonnés de nouvelles merveilles qui vous terrassent d'admiration ; mais un motif plus puissant m'attire dans ce magasin : M. Berthelemot, afin qu'on le sache, est l'instituteur de mes enfans.

Personne n'enseigne, aujourd'hui, la morale avec plus de fruit que les confiseurs ; elle entre dans toutes leurs préparations. Il n'y a pas une de leurs pralines qui ne renferme une leçon utile ; ils donnent à la fois le précepte et le bonbon, et l'un fait passer l'autre. C'est encore à l'aide du même procédé qu'ils sont devenus d'excellens professeurs d'histoire. Il leur suffit de découper Rollin et Mezerai, et d'envelopper de ces extraits leurs friandes compositions. Gardez-vous donc bien d'augmenter les droits d'entrée que paie le sucre, ce serait aujourd'hui mettre un nouvel impôt sur l'instruction. Ce mode d'enseignement, fort doux, j'en conviens, est déjà assez dispendieux, parce que l'enfant, à qui la leçon plaît, veut toujours la répéter. L'histoire de France me coûtera bon. La première dynastie seule m'a ruiné en dragées de toute espèce. J'ai acheté pour les rois fainéans plus de dix livres de diablotins; et c'est, ma foi, plus qu'ils ne valent; mais il s'agissait de trouver un moyen d'instruire l'enfance sans la fatiguer, et de lui offrir ce qu'on veut qu'elle apprenne sous une forme agréable. Or, il me semble que les confiseurs ont enfin résolu ce problème difficile : c'est pourquoi j'ai confié l'éducation de mes enfans à M. Berthelemot.

Passerai-je en face du numéro.....? Je l'évite ordinairement. Quelqu'un y a toujours quelque chose à vous dire : on vous tire à droite, on vous tire à gauche... Allons, un peu de courage ; je veux savoir à quoi m'en tenir, dussé-je y perdre mon manteau.

Que vois-je ? C'est ici sans doute un des bazars où le sultan fait choisir ses odalisques ; j'entends la voix de la sirène ; oui, c'est elle ; fuyons. Rappelons-nous le mot du sage : *Glissez, mortels, n'appuyez pas.*

Que je n'oublie pas, en me retirant, de prendre chez M. Milscent, poète-écrivain, dans le passage de la Cour des Fontaines, la douzaine de couplets que je lui ai commandée hier soir. C'est lui qui fournit ma maison de complimens et de chansons pour les fêtes de famille et pour la nouvelle année. Sa poésie est un peu chère... Un petit écu le couplet. Vous aviez cela pour quarante sous avant la révolution. L'abbé Pellegrin, qui pourtant était bien juif, n'en demandait pas davantage ; mais je ne sais pas marchander avec le talent. Il y a, dans tout ce qui sort de cette boutique, trois choses dont je fais cas, et qui ne peuvent se payer : de l'esprit, de la grâce et du sentiment. C'est, d'ailleurs, à prendre ou à laisser. M. Milscent est très-achalandé. Plusieurs poètes de cette capitale, que j'ai la discrétion de ne pas nommer, sont au nombre de ses pratiques, et lui doivent tous les lauriers qui couronnent leurs fronts. Il a fait ainsi de fort jolies réputations qui courent le monde et les salons, et se gardent bien de dire d'où elles viennent. A propos, M. ***, qui a pris la sienne à crédit, est prié très-instamment de passer au bureau : s'il reste plus long-tems *en demeure*, on fera saisir, dans les chansonniers et almanachs de cette année, tous les vers qui portent sa signature et qui ne sont pas à lui, puisqu'il les doit encore. Lorsque Apollon paie double patente, non compris les centimes additionnels, les plus petites pertes lui sont sensibles ; lorsque, par la dureté des tems, le génie est en échoppe, le frustrer de son dû, c'est une indignité ! Que M. *** y prenne garde ! Il y va de sa gloire.

— N° XXXVI. —

CORRESPONDANCE INÉDITE.

—

On lit, on dévore la *Correspondance de Grimm*; elle amuse les uns, elle instruit les autres; et si vous exceptez quelques hommes de lettres que le baron a un peu maltraités, tout le monde est content. Je le suis plus que personne, mais je laisse à de meilleurs juges, à des critiques plus judicieux et plus éclairés que moi, le soin d'analyser cet ouvrage, et de rechercher les causes de son succès; je n'en parle ici que pour trouver l'occasion d'inviter tous les possesseurs de semblables manuscrits à vouloir bien en faire présent au public : il en existe, je le sais, un très-grand nombre.

Vers la fin du siècle dernier, tous les souverains de l'Europe, et même beaucoup de princes

non souverains, avaient à Paris des correspondans chargés de les instruire de ce que la cour
et la ville pouvaient offrir de plus piquant à la
curiosité des étrangers. Un tableau fidèle de nos
mœurs et de notre littérature, la religion et la
musique, la politique et les danseurs de corde,
tout, enfin, devait entrer dans ce bulletin, auquel la seule esquisse de nos travers et de nos
ridicules aurait pu fournir un éternel aliment.
Chaque correspondant conservait deux ou trois
copies des lettres qu'il adressait à son prince ;
que sont-elles devenues? Faudra-t-il donc que
ces annales, qui forment un supplément nécessaire à l'histoire de notre tems, soient perdues
pour nos descendans? Non. La malignité publique
exige qu'elles sortent des portefeuilles qui les re-
cèlent, et vraiment il serait odieux de ne pas la
satisfaire. Pénétré de la vérité de ce principe,
et voulant prêcher d'exemple, je m'empresse
d'annoncer que je vais livrer à l'impression la
Correspondance secrète, politique et littéraire que
j'ai entretenue pendant plusieurs années avec un
grand prince dont les bontés me seront toujours
chères. Mais afin de prévenir mes juges en ma
faveur, je dois leur apprendre par quel heureux

hasard je me trouvai chargé de cette importante mission, et quels étaient mes titres pour justifier la confiance dont il voulait bien m'honorer; je dirai ensuite dans quel esprit cette correspondance est écrite.

En 17....., le roi d'Yvetot vint à Paris, où le strict incognito qu'il jugea à propos de garder l'empêcha d'être remarqué. Il avait parcouru toute l'Italie, et s'y était fait remarquer par la vivacité de son esprit et l'étendue de ses connaissances. On n'a point encore oublié qu'en voyant la fumée du Vésuve, il dit aux personnes de sa suite : « C'est ici qu'il faudrait placer le temple de la Renommée. » Un mot si profond, qui aurait fait la fortune d'Alexandre, est sorti de la bouche du roi d'Yvetot. Ce prince, pendant le court séjour qu'il fit à Paris, rechercha la société des gens de lettres; leur conversation l'intéressait. Il aurait bien voulu assister à la séance publique de l'académie ; malheureusement il lui fut impossible d'avoir un billet d'entrée. Tout ce qu'il voyait, tout ce qu'il entendait, le rendait amoureux de notre littérature, et avant de prendre la diligence de Rouen, pour retourner dans la capitale de ses états, il

ordonna à son capitaine des gardes de lui chercher un correspondant. Le poste était beau,
mais sans émolumens, de sorte que je me présentai seul pour l'obtenir. L'argent me touchait
peu, et je me croyais assez récompensé par
l'honneur de servir un prince qui avait si bien
placé le temple de la Renommée. Il y avait,
d'ailleurs, beaucoup d'étoffe dans ce jeune roi,
et, à l'aide de certaines réflexions, adroitement
glissées dans mes lettres, j'espérais en faire
quelque chose.

J'étais, quoique assez jeune encore, très-
répandu dans la société des gens de lettres.
M. de Voltaire, à qui j'adressai un quatrain lors
de son voyage à Paris, m'avait écrit une lettre
charmante que je portais toujours sur moi, et
que je montrais à tout le monde. Je n'avais pu
voir M. Rousseau de Genève. Ce philosophe,
dont les manières étaient peu engageantes, avait
repoussé mes avances, je veux dire qu'il m'a-
vait fort brutalement fermé la porte au nez. Pour
me consoler de ce petit désagrément, j'eus le
bon esprit de me rabattre sur M. Rousseau de
Toulouse, moins célèbre, peut-être, mais beaucoup plus poli que son homonyme. M. Rousseau

de Toulouse joignait à un talent littéraire, qui n'était pas mince, du savoir-vivre et de l'amabilité; il était en outre grand nouvelliste : ses relations dans les cafés étaient immenses; aussi ma correspondance lui doit-elle une bonne partie de son intérêt. M. Rousseau de Genève, avec tout son génie, son humeur noire et son habit d'Arménien, ne m'aurait pas si bien servi.

M. Diderot avait des bontés pour moi. Il est vrai que, sur l'athéisme et sur quelques misères semblables, ma manière de voir différait un peu de la sienne; mais comme il était bon, généreux et tolérant, il avait consenti à me laisser, ainsi qu'à sa femme, les petits préjugés de notre enfance. « C'est leur marotte, disait-il à ses amis; elle les amuse, je ne veux pas la leur ôter. » Sa conversation m'électrisait. Quelle énergie! quel feu! Dans ses momens de verve, il saisissait sa perruque et la jetait à dix pas de lui. Craignant que le chien de la maison ne la profanât, en jouant avec elle, je me hâtais de la ramasser, et je la replaçais avec respect sur le chef encore fumant de cet homme inspiré. On a imprimé quelque part, pour me faire niche, que c'était M. Naigeon qui rendait ce léger service à Diderot. Voilà comme les bonnes tradi-tions se perdent! voilà comme on écrit l'histoire!.

Si l'académie française ne me comptait pas au nombre de ses membres, c'était bien sa faute, et non la mienne. Plusieurs fois j'avais brigué cet honneur en faisant les visites d'usage; mais, tantôt sous un prétexte, tantôt sous un autre, on m'avait très-poliment éconduit. Le *Musée* fameux, établi rue Dauphine, et long-tems présidé par M. Cailhava de l'Estandoux, s'était montré moins difficile. Comme je n'avais point encore publié ces ouvrages qui m'ont acquis, depuis, une si brillante réputation, M. de la Dixmerie, dont la parole valait le jeu, avait bien voulu répondre de mes talens. Cet écrivain jouissait alors d'une grande célébrité : on assure qu'il en a déjà perdu la meilleure partie. Après cela, on peut tout croire. Serait-il donc vrai que le bruit que fait un auteur pendant sa vie, n'est point un gage certain de son immortalité? Homère devrait bien nous apprendre comment il s'y est pris pour arriver jusqu'à nous. Chaque siècle semble rajeunir cet illustre aveugle, tan-dis que M. *** et moi, qui, à plus de soixante ans, faisons encore sans lunettes de fort jolis madrigaux, nous serons peut-être oubliés avant d'être enterrés. En vérité, on ne sait plus aujourd'hui sur quoi compter.

Je vivais bien avec tout le monde, bien avec les économistes, bien avec leurs adversaires ; j'avais même trouvé un moyen de les rapprocher, en prouvant, dans une petite brochure, cette grande vérité, que le pain était une chose superflue, dont on pouvait fort bien se passer, et qu'il fallait le supprimer. Cette idée simple, neuve pourtant, conciliait les deux partis ; elle terminait toutes les disputes, et c'était précisément ce que personne ne voulait ; aussi ma brochure fut-elle étouffée, et l'on porta aux nues je ne sais quels *Dialogues* de l'abbé Gagliani, qui s'était bien gardé d'aborder la question aussi franchement que moi.

Je gardai la même neutralité dans la grande querelle sur la musique. Ce n'est pas moi qui ai menacé Marmontel de lui couper les oreilles s'il publiait son poëme contre les Gluckistes. J'aimais Marmontel, et ses oreilles ne m'incommodaient point ; je lui avais seulement conseillé d'être léger, vif et piquant, si toutefois cela ne dérangeait pas ses projets. Ce poëme , au reste, ne fut point achevé. Pourquoi faut-il que l'humeur guerrière d'un académicien nous en ait privés? Pourquoi aussi ce Marmontel tenait-il tant à ses oreilles?

Enfin , il ne manquait à ma célébrité que d'avoir dîné chez Mme G***. C'était une femme selon mon cœur ; son cuisinier était irréprochable , et si l'on médisait à sa table , ce que j'ignore , du moins n'y mangeait-on pas son prochain sur du pain sec. Lorsque je me présentai pour y être admis , toutes les places étaient prises ; on m'objecta , de plus , que j'étais encore bien jeune , et que je pouvais attendre. Cependant une voix intérieure me disait qu'*aux ames bien nées*

L'appétit n'attend pas le nombre des années.

Quoi qu'il en soit , je voyais très-souvent un des convives les plus exacts , de sorte que, sauf le dîner que d'autres mangeaient sans moi , je ne perdais aucun des avantages de cette intéressante réunion. Il faut conclure de tout ce qui précède , que mes liaisons me facilitaient les moyens d'entretenir avec succès la correspondance dont je venais de me charger. Je ne me trouvais pas, il est vrai, à la tête de la littérature, mais, de son côté, le roi d'Yvetot n'était pas une puissance du premier ordre; ainsi nous nous convenions parfaitement.

Quant aux nouvelles de la cour, je les avais, j'ose le dire, de la première main. J'étais l'ami intime de M. ***, médecin ordinaire de Mlle ***, jeune et jolie actrice du Théâtre-Français. Cette enfant gâtée, beaucoup trop gâtée de Thalie, recevait le soir à souper les seigneurs les plus aimables, et n'avait rien de caché pour son docteur. Je puis donc assurer que de tous les souverains de l'Europe, S. M. le roi d'Yvetot était le mieux informé des anecdotes de la cour de France.

Je faisais un jour remarquer à Rulhière que tout éloge était bien fade. « Pourquoi louer? » me répondit le bonhomme. Ce mot, plein de naïveté, renferme une excellente leçon dont je crois avoir fait mon profit. Vous craignez peut-être qu'ayant beaucoup vécu avec les philosophes, je ne me sois cru obligé d'en parler avec quelques ménagemens. Bonnes ames! rassurez-vous ; ils étaient mes amis, mais je n'avais pas promis d'en dire du bien. Je dînais avez eux, et même quelquefois chez eux ; mais un dîner, suivi de cinquante autres, est-ce là un engagement ? J'avais d'ailleurs un prince à désennuyer. Quant aux écrivains du parti contraire, vous devinez sans peine qu'ils sont fort maltraités dans cette correspondance : ils étaient les ennemis de mes amis, de gens avec lesquels je passais ma vie ; pouvais-je, en conscience, me dispenser d'en dire du mal ? En deux mots, je n'ai loué personne ; n'est-ce pas le moyen de contenter tous mes lecteurs ?

J'avais d'abord consenti à ce que ces *lettres* ne fussent publiées qu'après ma mort, et lorsque toutes les parties intéressées auraient disparu ; mais des considérations très-puissantes m'ont fait changer d'avis. J'ai craint d'être moins heureux que le baron de Grimm, et de tomber sous les ciseaux d'un éditeur moins sage et moins éclairé que M. *** ; en second lieu, la gloire posthume me tente fort peu, et si, comme j'ai lieu de l'espérer, cette correspondance doit augmenter ma réputation, je ne suis pas fâché de jouir, dès aujourd'hui, de ce petit bénéfice. « N'imprime pas, » me dit l'intérêt d'autrui ; « imprime, » me dit mon amour-propre. J'imprimerai ; qu'on ne m'en parle plus.

Ce ne fut qu'en 1792 que je cessai de correspondre avec le roi d'Yvetot. A cette époque, les habitans du pays de Caux le regardèrent comme un abus, et le supprimèrent. Je suis encore à recevoir de ses nouvelles.

— N° XXXVII. —

LETTRE A M. FABRE-D'OLIVET.

—

J'APPRENDS, Monsieur, avec indignation que l'incrédulité s'inscrit en faux contre le prodige que vous avez opéré en faveur de Rodolphe Grivel, mon ancien camarade : elle soutient que ce sourd et muet, que vous avez fait entendre et parler, a toujours entendu et parlé, et ose vous accuser de charlatanisme. Vous ne manquez pas sans doute de témoignages qui vous serviront à imposer silence aux calomniateurs ; mais je pense que le mien ne peut pas vous être inutile. Grivel était sourd et muet de naissance ; jamais aucun fait ne fut mieux constaté. Confié, ainsi que moi, aux soins de M. l'abbé Sicard, il a donné, pendant plusieurs années, des preuves multipliées d'une rare intelligence ; il brillait toujours au milieu de nous lorsque, dans ces exercices publics, qui ne sont jamais préparés la veille, nous étonnons, par nos réponses et par de soudaines illuminations, les plus profonds, je veux dire les plus obscurs métaphysiciens. Mais, malgré cette vive intelligence, malgré son assiduité aux leçons de M. l'abbé, jamais on n'avait pu le faire entendre et parler ; seulement quand on lui pinçait le bras un peu trop fort, il disait : *Aïe !* et quand on appuyait le pouce sur son larynx, il criait : *Oh !* Voilà, Monsieur, les seuls discours qu'il ait prononcés dans les six années qu'il passa à l'institution. Il est bien vrai que s'il y fût resté plus long-tems, le médecin de l'institution, homme très-recommandable, avait promis, non de lui donner la parole, mais de lui en expliquer le mécanisme ; et c'eût été une grande consolation pour ce cher camarade de savoir au moins pourquoi il était muet. Vous avez fait plus pour lui, Monsieur ; grâce à vos soins, à l'heureux procédé que vous avez découvert, Rodolphe Grivel est entièrement rendu à la société ; il a parlé, et a fait entendre à sa

mère ces douces expressions que dictent aux enfans l'amour filial et la reconnaissance. Il n'y a
aujourd'hui que la mauvaise foi qui puisse nier
ce bienfait, et calomnier vos intentions. Mais
en resterez-vous là, Monsieur? Rodolphe Grivel
sera-t-il l'unique objet de votre sollicitude? Il
me semble que j'y aurais bien aussi quelques
droits. J'étais le meilleur ami de votre élève ;
je partageais tous ses jeux; il me traitait en
frère ; et jamais il ne m'a dit avec les doigts
un seul mot désagréable. Au nom de cette liaison
que la ressemblance parfaite de nos caractères
avait fait naître, et qu'un malheur commun fortifiait encore, je vous conjure d'exercer sur moi
le talent admirable que vous tenez de la Providence : ne me croyez pas indigne de vos soins ;
ma docilité et mon intelligence vous répondent du
succès. Grivel vous dira, puisqu'il parle maintenant, que je ne reste jamais court dans nos
exercices : il ne m'a fallu que vingt-quatre heures
pour apprendre la *dactylolalie* et la *chirolalie ;*
je fais tout ce que je veux de mes doigts, je les
agite avec une souplesse extraordinaire : on dirait quelquefois que j'en ai dix à chaque main.

Mais tout cela ne suffit pas ; j'éprouve une vive démangeaison d'entendre et de parler ; et c'est de vous, Monsieur, que je réclame ce double bienfait.

Déjà la plus tendre des mères, dans une lettre touchante qu'elle a eu l'honneur de vous adresser, a imploré vos bons offices pour ma sœur et pour moi. Déposant sa douleur dans votre sein, elle vous a supplié d'y mettre un terme, en faisant jouir ses deux enfans d'une faculté que la nature leur a refusée. Je connais votre réponse, que vous venez de rendre publique *. Il paraît que le spectacle d'une mère désolée et de deux enfans infortunés ne vous a point ému. Aux accens déchirans de sa douleur, vous n'opposez que les froids calculs du raisonnement ; ma mère s'adressait à votre cœur, et, permettez-moi de vous le dire, ce cœur, resté insensible au cri du désespoir, ne lui a point répondu. C'est moi, Monsieur, qui souffre le plus d'un refus aussi cruel ; car tôt ou tard ma sœur parlera ; une jeune fille

---

* *Notions sur le sens de l'ouïe en général, et en particulier sur la guérison de Rodolphe Grivel, sourd et muet de naissance, et une série de lettres.*

ne peut pas toujours rester muette. Ainsi donc, voyant que vous aimez à discuter ce qui devrait être senti, j'ai pris le parti de vous écrire, persuadé que, si je venais à bout de vaincre vos raisonnemens, vous consentiriez à entreprendre ma guérison.

On croirait d'abord, à vous entendre, que vos nombreux travaux absorbent vos instans, et ne vous permettent pas de vous occuper des sourds et muets. *Une étude opiniâtre m'a livré la langue de Moïse, perdue depuis vingt-cinq siècles; je vois l'hébreu sous un nouveau jour; je travaille sans relâche à le restituer; je compose une grammaire, un dictionnaire; je rétablis la cosmogonie de Moïse, etc., etc.* Vous parlez de vos occupations : croyez-vous, Monsieur, que l'illustre instituteur qui nous donne ses soins n'ait pas encore le loisir de se livrer à d'illustres travaux? Sa *Grammaire générale*, son *Traité des Signes*, qui (preuve incontestable de son mérite) vient d'être couronné par le jury décennal, peuvent vous donner une idée de l'immensité de ses recherches et du tems qu'il y a consacré. Et les devoirs que sa religion et son ministère lui prescrivent, croyez-vous qu'il les néglige? Les sermons qu'il a composés et débités se sont-ils fait tous sentir? Ne puis-je pas supposer que, malgré tant et de si graves occupations, il a encore du tems à perdre, puisqu'il va souvent à l'académie? Vous voyez donc, Monsieur, que, sans renoncer à vos élucubrations *chinoises*, *parsiques*, *brahmiques*, *égyptiennes*, vous pourriez encore être utile à l'humanité ; rien ne vous empêcherait de faire marcher de front l'étude de la *cosmographie* de Moïse et la guérison des sourds et muets. Ce qui confirme cette opinion, c'est l'effet rapide de vos moyens curatifs. Que vous a coûté la guérison de Rodolphe Grivel? Le *remède* que vous lui aviez *administré les* 7, 9 *et* 11 *janvier avait disposé son organe auditif à recevoir l'impression. Le* 12 *, vers le soir, on prit une grande casserole de cuivre, et, au moment où Rodolphe s'y attendait le moins, on la frappa derrière lui, en la tenant par le manche, avec une baguette grossie par le bout. L'impression qu'il en ressentit fut aussi forte* que vous l'aviez *prévue; il chancela, sa vue s'obscurcit ; il tomba évanoui dans les bras de sa mère, qui eut besoin de recourir au vi-*

naigre pour le faire revenir à lui. Ah! Monsieur, je vous en supplie, procurez-moi cet heureux évanouissement! Il vous a peut-être fallu vingt ans de travaux pour retrouver *la langue de Moïse, perdue depuis vingt siècles;* trois jours vous suffiraient pour trouver la mienne. Au nom de l'humanité, faites jouir tous les sourds et muets d'une faculté dont la nature, marâtre cruelle, les a privés.

Je ne suis pas médecin, dites-vous. Je le sais bien, puisque vous guérissez vos malades : c'est précisément pour cette raison que je m'adresse à vous. *On dira qu'un vif intérêt me guide.* Soyez tranquille, Monsieur, ma pauvreté vous mettra à l'abri d'un tel reproche. Vous ne recevrez de moi que des actions de grâces : le premier usage que je ferai de la parole sera de chanter vos louanges et de célébrer votre bienfait. *Mais pensez-vous que la surdité soit le seul malheur dont l'humanité soit affligée? Sans compter la cécité, et tant d'autres maladies physiques, que dites-vous de la cécité et de la surdité morales? Pensez-vous que tant de prétendus savans qui en sont atteints n'aient pas besoin de remèdes?* Voilà, Monsieur, et j'en rougis pour vous, voilà ce que vous écriviez à une mère affligée : elle vous demande la guérison de ses enfans, et vous lui parlez de la *cécité* et de la *surdité morales ;* vous faites des épigrammes sur les *prétendus savans qui pèsent saturne et ses satellites, et ne savent pas calculer la vie d'un moucheron.* Vous avez beaucoup d'esprit, Monsieur ; mais je crains que la *cosmogonie* de Moïse n'ait endurci votre cœur. Vous avouerez, du moins, que le malheur, réclamant vos secours, avait droit d'espérer une autre réponse : l'ironie, dans cette circonstance, me semble fort déplacée. Les aveugles sont à plaindre, sans doute ; mais le seront-ils moins parce que nous resterons sourds et muets? Guérissez-nous, Monsieur, un autre trouvera peut-être dans les antiquités *chinoises, parsiques* et *brahmiques* le secret de guérir les aveugles. Quant aux *prétendus savans atteints de la cécité et de la surdité morales,* vous ont-ils appelé pour les traiter? Vous savez bien, d'ailleurs, qu'ils sont incurables ; un seul de ces docteurs vous donnerait plus d'embarras que toute l'*institution des sourds et muets.*

Votre secret, Monsieur, ne vous appartient plus lorsque l'humanité le réclame. Mais, objectez-vous, *si un homme sans fortune parvient, à force de peines et de travaux d'esprit, à ramasser un bien considérable, doit-il de bonne foi le distribuer à ceux qui, croupissant dans l'ignorance et l'oisiveté, n'ont fait aucune espèce d'efforts pour sortir de leur état ? Les personnes qui prétendent me forcer à leur livrer le fruit de mes connaissances ne ressemblent pas mal à ces pauvres qui, sans vouloir travailler, prétendent néanmoins à la dépouille de ceux qui travaillent.* Permettez-moi de vous le dire, Monsieur ; un homme qui se livre tout entier à la *philosophie antique* devrait raisonner un peu mieux. Le possesseur d'une grande fortune, fruit de ses longs et pénibles travaux, peut dire à l'indigent paresseux qui voudrait l'en dépouiller : « Fais comme moi, travaille ; je ne » suis point obligé d'abandonner à l'oisiveté ce » qui m'a coûté tant de sueurs. » Mais me tiendrez-vous ce langage à moi, pauvre sourd et muet ? Me direz-vous durement : « Etudie, fai-» néant, étudie ; fouille les antiquités *parsiques,* » *égyptiennes* et *brahmiques ;* tu y découvriras le

» secret de te guérir toi-même? » Je ne crois pas, Monsieur, que vous pousseriez la cruauté jusque là. Que devient donc votre comparaison? Ajoutez que l'homme, nouvellement enrichi, qui distribuerait aux pauvres le bien qu'il vient d'acquérir, victime d'une imprudente générosité, retomberait bientôt dans cet état de misère dont son activité, son amour du travail et son intelligence l'ont délivré. Mais vous, Monsieur, serez-vous plus pauvre lorsque vous m'aurez guéri? Quand vous m'aurez fait parler, parlerez-vous moins? parlerez-vous moins bien? Ces trésors de *philosophie antique* que vous avez amassés, et dont vous paraissez si fier, ne vous resteront-ils pas? Ne serez-vous pas toujours possesseur de *la langue de Moïse qui était perdue depuis vingt-cinq siècles*, et que vous avez si heureusement retrouvée? Vous enlèverai-je cette *cosmogonie que vous avez rétablie?* cet hébreu que vous voyez *sous un nouveau jour?* Non, Monsieur, tout cela vous restera, et, de plus, vous vous enrichirez de tous les heureux que vous aurez faits : c'est la véritable richesse d'un philosophe ami de l'humanité. La société, d'ailleurs, vous le savez mieux que moi, n'est qu'un échange continuel de services ; et déjà ne voyez-vous pas que si vous m'apprenez un jour à parler, je pourrai bien un jour vous apprendre à raisonner ? Mais enfin, nous dites-vous, *mes ouvrages cosmographiques s'imprimeront sans doute, et chacun pourra y puiser les mêmes connaissances et les mêmes moyens curatifs.* A quoi bon ajourner notre guérison jusqu'à la publication de vos savans ouvrages ? Le malheur peut-il ainsi s'ajourner ? Ne pèse-t-il pas sur nous à tous les instans de notre vie ? Et si la mort, sans respect pour vos profondes recherches, vous frappait avant que vous eussiez mis la dernière main à vos écrits, un secret aussi précieux vous suivrait donc au tombeau ! Que nous importe la *cosmogonie* de Moïse ? vaut-elle pour nous le moyen de guérir les sourds et muets de naissance ?

Puisque vous aimez les comparaisons, Monsieur, j'en vais hasarder une qui me paraît ne pas manquer d'exactitude. Je suppose qu'un vaste incendie exerce ses ravages sur l'un des quartiers de cette capitale ; je suppose encore que dans les

traditions *chinoises* ou *parsiques* vous ayez découvert le secret d'une pompe, au moyen de laquelle il ne tiendrait qu'à vous d'arrêter, en
quelques minutes, la violence des flammes : que
diriez-vous aux infortunés qui imploreraient votre
secours? à cette mère désolée qui vous conjure-
rait à genoux d'étouffer un incendie dont sa fille
est sur le point de devenir la victime? Feriez-
vous des raisonnemens, à perte de vue, pour
prouver que nul n'a le droit de vous forcer à se-
courir les incendiés? Vous serviriez-vous de ces
pitoyables argumens que vous avez fait valoir
auprès de moi? Diriez-vous : « Je ne suis pas
» pompier, je suis homme de lettres? Cet in-
» cendie est sans doute un malheur ; mais est-il
» unique? Qui sait si, dans ce moment même,
» une soudaine inondation ne détruit pas les plus
» riches moissons ; si la peste n'enlève pas une
» grande partie des habitans de Smyrne ou de
» Constantinople ; si, dans l'Egypte, une nuée
» de sauterelles ; si, en France, une foule de
» savans, etc.? » Ah, Monsieur! s'écrierait
cette mère dans la désolation, il s'agit bien de
sauterelles et de savans! sauvez mon enfant! un

autre détruira les savans et les sauterelles. Ne seriez-vous pas touché de ce tableau déchirant? Ajouteriez-vous encore à votre refus une froide et inutile dissertation sur l'origine du feu, sur ses propriétés, etc.? N'offririez-vous aux malheureuses victimes d'autres consolations que la promesse de publier un jour la description de votre pompe merveilleuse? Il me semble que si vous vous conduisiez ainsi, dans sa mauvaise humeur, et indigné de votre insensibilité, le peuple pourrait bien vous jeter au milieu de ces flammes que vous refuseriez d'éteindre. Donnez-vous, Monsieur, la peine de relire cette lettre singulière que vous avez écrite à ma mère, et vous verrez que ma comparaison, beaucoup plus exacte que les vôtres, ne cloche en aucun point. Ma mère apprend que vous avez un moyen prompt et infaillible de guérir les sourds et muets de naissance : elle s'adresse à vous, et vous conjure de donner vos soins à ses deux enfans. Que lui répondez-vous? que vous n'êtes pas *médecin*, mais *homme de lettres ;* que vous n'avez point d'*opiats* à vendre ; qu'il faut d'ailleurs penser aux aveugles, non moins intéressans que les sourds et muets ; puis arrive la *cosmogonie que vous avez rétablie*, et cet hébreu que vous voyez *sous un nouveau jour*, et ces *idées* dont vous avez trouvé l'*origine*, etc. En vérité, Monsieur, cette réponse est bien inconvenante, pour ne rien dire de plus.

Vous-même l'avez senti, car, en terminant votre lettre, vous faites doucement entendre à ma mère que si elle voulait placer sa fille dans un pensionnat auquel votre épouse est associée, Rodolphe Grivel est déjà assez avancé pour suivre l'éducation de cette jeune demoiselle. Mais M. Grivel n'a point votre secret ; vous l'avez guéri, mais vous ne lui avez point appris comment il fallait s'y prendre pour guérir les autres. Je suis bien sûr que s'il connaissait votre admirable procédé, il viendrait à l'instant l'essayer sur ses anciens camarades ; et sans doute il commencerait par moi, son meilleur, son inséparable ami, par moi qui partageais toujours ses plaisirs et ses peines ; mais ignorant votre récette, il ne pourrait apprendre à ma sœur que la langue des signes : cette langue, je la connais tout aussi bien que lui ; je pourrais également l'enseigner à ma sœur, et je pense que cela serait plus décent. Rodolphe aura bientôt seize ans ; ne serait-il pas dangereux de lui donner une écolière à peu près du même âge ? La langue des signes est la plus éloquente de toutes les langues ; elle peint, elle figure les objets, elle anime tout, elle..... Monsieur, il ne faut pas qu'un garçon de seize ans enseigne cette langue énergique à une demoiselle de quinze. Soyez assuré que la jeune personne finirait par devenir trop savante ; ses progrès augmenteraient à vue d'œil.

Plus de mystères, Monsieur, faites connaître votre secret à l'Europe entière ; inscrivez votre nom parmi les bienfaiteurs de l'humanité ; cette gloire me paraît assez belle pour tenter un philosophe. Ah ! si la Providence avait daigné faire un tel présent au pieux et modeste instituteur qui l'invoque sans cesse en notre faveur, il n'aurait pas cru qu'il lui fût permis de se contenter d'une seule expérience. Nous aurions tous participé à ce grand bienfait ; nous aurions tous enfin entendu et parlé. Alors, se mettant à notre tête, ce respectable docteur, notre second père,

nous eût conduits au temple le plus voisin. Là,
prosternés aux pieds des autels, rendant grâces
à Dieu, premier auteur de toutes les découvertes utiles à l'humanité, nous eussions chanté
cet hymne d'amour et de reconnaissance, cet
hymne que votre religion, qui a tant réformé, a
cru cependant devoir conserver. Au milieu de ce
concert d'actions de grâces et de louanges, figu-
rez-vous, si vous le pouvez, l'émotion et l'attendrissement de notre instituteur; voyez les larmes de la joie inonder son visage; entendez-le
qui s'écrie : « C'est maintenant que je puis mourir
» en paix, puisque mes yeux ont vu s'opérer
» un tel prodige ! » Ce seul instant l'aurait payé
avec usure de toutes les peines que nous lui avons
coûtées. Il ne tient qu'à vous, Monsieur, de
goûter ce bonheur : les sentimens religieux que
vous manifestez dans votre ouvrage prouvent que
vous en êtes digne ; et c'est pourquoi j'ai essayé
d'en esquisser le faible tableau. Vous retournerez
ensuite à la *Cosmogonie* de Moïse, à la *Grammaire* et au *Dictionnaire* que vous composez, et
dont, à toute force, on pourrait encore se passer
un mois ou deux. Si le grand nombre des sourds

et muets vous effraie ; si vous craignez que votre
hébreu ne vous échappe, guérissez-moi d'abord ;
puis enseignez-moi votre secret, je guérirai ensuite mes compagnons d'infortune ; je me ferai
surtout un plaisir de suivre l'éducation des jeunes
demoiselles que vous voudrez bien m'adresser.

— N° XXXVIII. —

CORRESPONDANCE
DE L'ABBÉ GALIANI. *

(Septembre 1818.)

—

Vers 1760, un jeune secrétaire de l'ambassade de Naples fut présenté à Louis XV. La cour, en le voyant, ne put s'empêcher de rire de la petitesse de sa taille, quoiqu'il eût pour le moins un bon pied de plus que le nain de Stanislas. Mais le monarque, qui avait de la dignité dans toutes les occasions où elle était nécessaire, garda son sérieux, et aussitôt les courtisans re-

---

* Comme il m'est souvent arrivé d'intervertir l'ordre dans lequel les divers articles de ce genre ont été publiés dans la *Gazette de France*, j'ai cru nécessaire d'indiquer l'époque à laquelle chacun de ces articles a paru.

(*Note de l'Éditeur.*)

prirent le leur, désespérés d'avoir ri si vite. Le jeune étranger s'en tira par une de ces saillies qui lui étaient familières : « Sire, dit-il, vous voyez à présent l'échantillon du secrétaire; le secrétaire vient après. » Le roi sourit, et, le lendemain, il ne fut bruit dans tous les cercles de la capitale que du petit secrétaire d'ambassade.

On désira d'abord de le connaître; et à peine fut-il connu qu'il n'y eut plus moyen de pouvoir s'en passer : sa petite taille avait amusé la cour, son mérite intéressa la ville. Ce diplomate, de quatre pieds environ, offrait un phénomène assez rare. Il avait beaucoup de savoir sans pédanterie; il était érudit et point ennuyeux. Que dis-je? jamais on n'avait vu un étranger plus aimable; et on savait alors ce que c'était que l'amabilité. Il étincelait d'esprit : les reparties les plus vives, les plus ingénieuses; les traits les plus malins lui coûtaient moins que les sottises ne coûtaient à d'autres. Aussi fut-il bientôt recherché avec un empressement égal par la bonne et par la mauvaise société; et on lui doit cette justice, qu'il ne négligea ni l'une ni l'autre.

Une pareille acquisition était importante; les

philosophes ne tardèrent pas à en sentir tout le prix. C'était pourtant un abbé, et ce qu'ils pardonnaient moins encore, un abbé *mitré*. Mais c'était un de ces abbés de bonne composition, abbés seulement pour posséder des abbayes, mais qui vivaient de l'autel, sans même s'informer du nom de la rue où l'église était située, et qui, dans l'occasion, s'égayaient avec grâce sur le Dieu qui les nourrissait; or, les philosophes aimaient beaucoup ces abbés-là. Non-seulement ils leur permettaient, par une dispense spéciale, de conserver leurs bénéfices, mais ils trouvaient encore le moyen, tant alors on était imprévoyant, de leur en procurer de plus considérables : c'était, dans leur manière de voir, autant de pris sur l'ennemi.

Lisez leurs Mémoires et leurs Correspondances; vous verrez qu'ils parlent de notre abbé avec une sorte d'admiration. Non qu'il approuvât, sans exception, leurs théories souvent vaines et creuses, en politique et en administration. Au contraire, il prenait même quelquefois la liberté de les combattre, tantôt avec l'arme du raisonnement, tantôt avec celle de l'ironie. Mais le moyen de se fâcher contre un petit abbé pas plus haut que sa mitre, si spirituel, si gai, et qui d'ailleurs, point capital, ne croyait presque à rien ; le moyen de se fâcher contre un adversaire qui, lorsque la discussion tournait au tragique et que Diderot furieux jetait pour la troisième fois sa perruque à l'extrémité du salon, disait si plaisamment : « Oui, j'ai tort ; la perruque le prouve. Cette vilaine Europe tombe en pourriture. Partez tous pour l'Amérique, c'est la terre de promission ; mais j'aurai la douleur de ne pas vous y accompagner, car vous savez qu'il n'y a point d'abbayes. » Ils lui pardonnèrent donc la force de ses argumens en faveur de l'agrément de ses plaisanteries et de la piquante naïveté de ses conclusions.

On n'eut point de secrets pour lui ; il fut admis aux premiers grades ; et, ce qui le flatta davantage, il participa aux sacrés banquets ; il dîna une fois par semaine chez le baron d'Holbach, le maître-d'hôtel de la philosophie, et ne fit pas moins admirer la vigueur de son appétit que la vivacité de son esprit ; car, afin que vous le sachiez, le petit abbé était fort gourmand, ce qui, au reste, ne gâte rien chez un philosophe.

Certaines femmes de bon ton en raffolèrent. Elles le trouvaient charmant; il nous apprend néanmoins qu'elles le traitaient de monstre; mais elles ne l'en aimaient pas moins, et peut-être l'en aimait-on davantage. Ces dames, en vérité, étaient trop bonnes, trop généreuses, car l'ingrat soupait chez les filles, auxquelles il accordait une préférence marquée et très-malhonnête. Vous ne serez pas surpris d'apprendre que sa conversation s'en ressentait; qu'il était d'une énergie.....; qu'il se servait quelquefois d'expressions..... épouvantables; mais, heureusement, on avait alors de larges éventails qui étaient d'un secours merveilleux dans toutes les occasions où il convenait de paraître épouvantée.

Et d'ailleurs on ne s'épouvantait déjà plus si facilement. De graves moralistes venaient de décider que les femmes les plus honnêtes étaient celles que les contes graveleux scandalisaient le moins. En conséquence, on ne demandait qu'à donner publiquement une preuve si décisive et si péremptoire de son honnêteté. Enfin, l'hypocrisie était regardée comme un vice si odieux, que, dans la crainte d'en être soupçonné, et par scrupule, on lui sacrifiait la pudeur et quelque chose de plus. Le siècle marchait.

Ce secrétaire d'ambassade que Naples nous envoya à une époque qui semblait faite exprès pour lui, pour ses qualités aimables et même pour ses vices, ce jovial abbé, tant fêté, tant caressé pendant dix ans qu'il résida à Paris, et qui laissa des regrets si vifs à ses amis et à tous ceux qui l'avaient connu, qu'ils ne l'appelèrent plus depuis que *l'irréparable* abbé, c'était, vous l'avez déjà deviné, l'abbé Galiani, dont on publie aujourd'hui la correspondance.

Encore une correspondance! va-t-on s'écrier avec humeur. Celle-là, du moins, n'est pas d'une longueur effrayante, elle ne forme que deux volumes, et vous savez qu'on ne vous a pas toujours tenus quittes à si bon marché. Ce baron Grimm en finissait-il? Je soupçonne qu'il a une nouvelle livraison à vous fournir; méfiez-vous-en.

Encore une correspondance, et partant beaucoup de médisances, de calomnies peut-être; beaucoup de particularités honteuses exposées au grand jour, lorsque, au contraire, elles devaient rester éternellement ignorées. Je conviens qu'en effet ces révélations posthumes nuisent toujours un peu plus, un peu moins à la mémoire du défunt, et que même elles éclaboussent quelquefois des vivans fort honnêtes ; mais qu'y pouvons-nous faire ? S'il nous fallait soigner toutes les mémoires de ce tems-là, il en est qui nous donneraient une rude besogne. Mais je connais mon abbé ; c'est un étrange défunt. Il scrait homme à nous dire : « De quoi vous mêlez-vous ? ce sont mes affaires. Je sais mieux que vous ce qui convient à ma mémoire ; imprimez donc ; publiez ; révélez ; n'oubliez même pas de donner mon adresse : rue Froidmanteau, au quatrième, sur le derrière, chez la nommée....., fille majeure. »

Rien ne se fait donc ici, et rien ne s'est fait jusqu'à présent que de l'aveu et même par exprès commandement des parties les plus intéressées, dont nous ne sommes, en quelque sorte, que les exécuteurs testamentaires. Oui, encore une correspondance, et vous en lirez bien d'autres, parce qu'elles sont toutes à notre adresse, et qu'on n'a pas écrit, à cette époque, un seul billet qui ne nous fût destiné. Vous verrez donc ce dix-huitième siècle sans aucun voile, vous le verrez dans toute sa nudité, et s'il perd quelque chose à être vu ainsi, que ses admirateurs ne s'en prennent qu'à lui seul : il l'a voulu.

« Vous êtes insupportable (écrit Mme d'Epinay à l'abbé Galiani, 7 juin 1773), vous êtes » insupportable en me rappelant que notre correspondance ne sera imprimée qu'après nous. » Ce texte est assez clair, tout commentaire devient inutile. Point de doute qu'en écrivant Mme d'Epinay ne nous ait regardés. Et Galiani ? n'est-ce pas à nous qu'il songe lorsqu'il lui répondait : « Vous savez donc que notre correspondance sera imprimée après notre mort commune ? Quel plaisir pour nous ! comme cela va nous divertir ! » Plaignez-vous donc des éditeurs, accusez-les d'une coupable indiscrétion, lorsqu'ils ne font que remplir religieusement les intentions des défunts.

Pour moi, je ne vois point comment cette correspondance aurait pu nous échapper. L'abbé Galiani ne cessait de conjurer Mme d'Epinay de veiller avec le plus grand soin à la conservation de ce précieux dépôt, et d'en multiplier les copies à tout événement. Il voulait même qu'elle se fît communiquer, n'importe par quel moyen,

toutes les lettres qu'il écrivait à d'autres. « J'ai
» eu, dit-il, 19 mars 1770, la bêtise de ne pas
» garder une copie de ma lettre à M. ***. D'A-
» lembert a raison de dire qu'elle est charmante;
» elle l'est en effet..... Faites, pour vous la pro-
» curer, tous les crimes, toutes les coquineries
» possibles, même en assassinats. Il faut que
» vous ramassiez toutes mes lettres comme les
» feuilles de la sibylle. Dieu sait ce qu'elles di-
» ront quand elles seront jointes ensemble. »

Des mesures aussi sages ne pouvaient manquer
de produire l'effet que l'abbé Galiani en attendait. Le succès a même passé toutes ses espérances. Prévoyait-il que deux éditions de ses
lettres paraîtraient presque simultanément? Voilà
cependant ce qui arrive aujourd'hui, et sais-je,
moi, si une troisième ne se fait pas quelque part.
Quel plaisir donc, honte à part, pour l'abbé
Galiani! quelle bonne fortune pour sa petite ombre, qui va bien s'en divertir! C'est pour le
coup qu'il va dire encore une fois : « Un abbé
charmant, c'est moi. » Oui, quand il veut l'ê-
tre; mais il a des caprices : quelquefois il som-
meille, et alors vous seriez tenté de le battre;

car il n'aurait tenu qu'à lui d'avoir de l'esprit tous les jours.

On a publié dernièrement les lettres de madame d'Epinay. Celles de son aimable correspondant nous devenaient indispensables. Qui ne voit qu'ainsi rapprochées elles vont se prêter un secours mutuel? mais Galiani n'était pas sans cesse occupé de sa *belle dame*, et c'est, suivant moi, une circonstance très-heureuse; car les lettres qu'il a écrites à ses amis répandent une agréable variété sur un recueil où la monotonie eût été inévitable, si la belle dame toute seule en avait fait les frais. Ces amis sont gens de votre connaissance. Ils ont remplacé la race d'Agamemnon, et depuis quelques années on ne voit qu'eux en scène.

Grimm est encore là; mais il y figure dans un état bien différent de celui où Jean-Jacques Rousseau le rencontra, lors de son arrivée à Paris, faisant maigre chère et maudissant philosophiquement les richesses et toutes les vanités mondaines. La fortune lui a souri; il dîne mieux, et sa philosophie a déjà perdu de son âpreté. C'est presque un personnage...; il est baron; mais les lettres de Galiani ne savent où trouver

M. le baron de Grimm, qui accompagne dans leurs voyages de petits princes allemands, qu'il *remise* l'un après l'autre dans leurs petites capitales; gagnant à ce métier de fiacre de bonnes pensions, dont il a grand besoin, et des cordons qui vont achever de le réconcilier avec les distinctions sociales. Il faut peu de chose pour adoucir un philosophe, et je ne sais vraiment pas ce qui serait arrivé si l'on eût fait de Diderot un baron du saint-empire. Après ce que nous avons vu, je ne veux plus jurer de rien.

Mais le véritable baron est le baron où l'on dîne. Galiani le savait mieux que moi. Aussi toutes ses lettres au baron d'Holbach, chez qui, comme il le dit lui-même, la philosophie mangeait de si bon appétit., prouvaient-elles combien il était encore touché de l'obligeant accueil qu'il en avait reçu. Ha! quels dîners! quels dîners! Invité pendant dix ans à ce banquet des sages, il avait le cœur et l'estomac trop bien placés pour n'en pas garder un long et tendre souvenir. Ce n'est pas cependant qu'il fût très-sensible de son naturel; mais quels dîners! quels dîners!

Après l'amphytrion viennent les convives, les grands dignitaires de l'église philosophique.

Quant aux *frères mineurs* et à nos *sœurs* en incrédulité, s'il ne leur écrit pas, il veut au moins que ses lettres leur soient communiquées, afin qu'ils sachent combien il les chérit. Le nom d'aucun d'eux n'est sorti de sa mémoire ; il porte à tous le plus vif intérêt. Je crois même qu'une fois il demanda comment se portaient le perroquet de Mlle Lespinasse et M. Naigeon. Il n'oubliait personne.

« Ah ! mon cher Paris, ah ! que je te regrette ! » Je n'ai aucune peine à le croire. Nous avions gâté ce petit abbé ; et sa patrie, lorsque les circonstances l'obligèrent d'y retourner, ne devait plus être à ses yeux qu'un véritable lieu d'exil. « Plus de dîners ! s'écria-t-il avec douleur ; plus d'amusemens, plus d'amours ! » Non, plus de *dîners* ni chez le baron d'Holbach, ni chez Mme Geoffrin, ni chez Mlle Lespinasse. Dîners charmans ! dîners irréparables ! Plus *d'amusemens !* Le moyen de s'amuser dans un pays où l'on ne dispute sur rien, pas même, et voilà ce qu'il y a de plus affligeant, pas même sur la religion ! Galiani ne trouve personne à qui il puisse parler. En vain se cotisent-ils pour l'entendre ; la finesse de ses plaisanteries échappe à ses compatriotes , et , par contagion , Naples *l'embêtise.* Il se regarde comme une *plante parisienne* , transportée en Italie pour y languir, pour y flétrir sur sa tige. Plus *d'amours!* Il ne parle des femmes de son pays qu'avec un mépris insultant qu'elles ne doivent jamais pardonner à sa mémoire. « Diderot, dit-il quelque part, » écrit à côté des dames parisiennes ; moi, j'écris » à côté des dames napolitaines. Il trempe sa » plume dans l'arc en-ciel ; je trempe la mienne » dans la thériaque. » Comme il est changé ! Nous l'avons vu plus galant, et surtout moins difficile. Reconnaît-on à ce langage grossier l'amant de toutes les beautés en circulation dans le voisinage du Palais-Royal, le chantre immortel, quoique un peu cynique, des rues Froid-manteau et Champ-Fleury? Il n'y avait pas, apparemment, de mauvais lieux à Naples. Quel pays pour l'abbé Galiani! Il faut cependant bien y rester, lorsqu'on a le malheur d'y jouir d'une belle fortune que l'avenir ne peut qu'accroître, lorsqu'on y possède deux emplois importans et deux abbayes. Vous croyez peut-être que Galiani trouvera quelques consolations parmi les siens ? détrompez-vous ; car tous ses parens sont dévots, et *dévots à brûler*. C'est pour ce coup jouer de guignon. L'abbé est le seul incrédule de sa famille ; cette singularité lui paraît si étrange, qu'il en conclut que, pour lui seul, il n'y a pas de hasard, et que certainement les dés sont pipés.

Voilà, sans doute, des malheurs bien cruels. Ajoutez les puces et les cousins qui le dévorent et semblent n'en vouloir qu'à lui. Vous saurez alors pourquoi plusieurs de ses lettres ne sont que trop conformes à sa triste situation. Toutefois, quand il vous dit : « Je suis bête aujourd'hui, » prenez-y garde ; craignez le pied de la lettre. La bêtise de Galiani serait encore l'esprit de beaucoup d'honnêtes gens qui ont une toute autre manière d'être bêtes. Au reste, mettez-le en verve, et à l'instant, puces, dévots, cousins, il oublie tout, et retrouve cette gaîté piquante, trop naturelle chez lui pour qu'elle pût jamais l'abandonner entièrement.

Mme d'Epinay, par malheur, avait aussi ses peines, ses chagrins. Je me garderai bien d'observer qu'elle commençait à vieillir, impertinence que dix ou onze lustres ne pourraient excuser. Mais on trouvait que ses lettres étaient

souvent *maussades* et *tristes* ; qu'elles « sentaient
la migraine ou la colique ; » qu'enfin elles n'ap-
prenaient rien de ce qu'on aurait désiré le plus
de savoir, et l'on jugeait convenable de se mettre
à l'unisson : « Voilà qui est bien, Madame ;
» il faut toujours écrire, même lorsqu'il n'y a
» rien à dire. Je vous répondrai de même, et
» cela fera une correspondance très-intéressante
» à la fin. »

Que de choses, cependant, Mme d'Epinay n'a-
vait-elle pas à dire ? Galiani l'accablait de questions, et il la chargeait de tant de commissions,
que je ne sais pas comment la *belle dame*, pour
le moins aussi bonne que belle, pouvait y suffire. L'amour expliquerait tout ; mais il était ab-
sent : sinon J.-J. Rousseau me l'aurait dit. Il
fallait donc, je le répète, que Mme d'Epinay eût
un grand fonds de bonté pour ne pas envoyer
promener un correspondant si importun, et toujours si difficile à contenter, pour excuser les
plaintes éternelles de Galiani, son humeur gron-
deuse et ses polissonneries. L'éditeur assure
qu'il n'a point donné le texte de cette correspondance dans toute son impureté ; je lui en fais
mes remercîmens ; mais en voyant ce qu'il y a

laissé, je serais curieux de connaître ce qu'il en a retranché. Le cynique napolitain n'aurait-il pas dû épargner à une dame respectable la honte de lire ce qu'une femme d'un rang moins élevé n'entendrait pas aujourd'hui sans croire qu'on l'outrage? Ignorait-il que Mme d'Epinay composait alors, à l'usage de nos enfans, un traité d'éducation que l'académie française devait bientôt couronner? Mais il paraît qu'à cette époque, au moins dans certaines sociétés, le français, aussi fier que le latin, bravait l'honnêteté dans ses mots, jusqu'au perroquet de Mlle Lespinasse, qui, du matin au soir, *disait des ordures*, que très-probablement il n'avait point apprises sans maître.

Galiani, en partant, avait laissé à Mme d'Epinay, qui devait les publier, ses *Dialogues sur le commerce des grains*. C'est sur cette affaire importante que roule la plus grande partie de sa correspondance, celle où vous apprenez le mieux à le connaître, celle où sa vanité et ses autres péchés capitaux, car tout charmant qu'il fût, il n'en avait guère moins de sept, se montrent le plus à découvert. L'impression souffrit d'abord quelques difficultés; mais, par une circonstance très-heureuse, le ministre opposant fut renvoyé, et sa retraite leva tous les obstacles. Jamais disgrâce n'arriva plus à propos; Galiani en fut ravi d'aise, et on le voit, dans un de ses joyeux transports, « allonger ses petits bras et ses lè-vres » au profit de Mme d'Epinay, sauf à la gronder un peu plus fort le lendemain; ce qui, en effet, ne manqua pas.

Il y avait dans le manuscrit plusieurs plaisanteries de mauvais ton. Mme d'Epinay, croyant bien faire, les supprima; mais l'auteur est au désespoir de ne pas les retrouver dans son livre; elles auraient plu singulièrement aux dix-neuf vingtièmes des lecteurs, qui les eussent jugées excellentes. Est-ce qu'on a du goût? « Que de » mauvaises plaisanteries n'a pas faites Voltaire » lui-même, notre vénérable patriarche? » Quelle sottise encore d'avoir, dans le cinquième dialogue, substitué une partie de jeu à un dî-ner! On a craint qu'il passât pour gourmand; et c'est précisément cette réputation qu'il re-cherche, parce qu'il la mérite, et qu'il s'est donné plusieurs indigestions pour l'obtenir. « Je » suis gourmand, il n'y a pas de mal qu'on le » sache. » Eh bien! que pensez vous du pantalon? Il faudra, bon gré mal gré, rétablir, pour lui plaire, ses mauvaises plaisanteries et son dîner dans la seconde édition. Son honneur y est intéressé.

C'est maintenant qu'il faut plaindre Mme d'Epinay. Les dialogues viennent de paraître, on ne la laisse plus respirer ; on ne lui passe plus une migraine, une colique. Il faut qu'elle écrive, qu'elle écrive sans cesse ; ses lettres ne sont jamais assez fréquentes, jamais assez longues, et elles arrivent toujours trop tard. Galiani veut savoir « quel éclat sa bombe a fait à Paris. » — Que pense-t-on de mon livre? — Profond, admirable! s'écrient Diderot, Raynal et quelques autres. — Supérieur à *l'Esprit des lois*, ajoute Grimm. — Excellens juges! Ils confirment l'opinion que j'ai toujours eue de leurs lumières. Quant à Duclos, c'est un pauvre esprit qui voit tout de travers. Car peut-on avoir le sens commun et ne pas admirer mes dialogues? « Foi de connaisseur, c'est un bon livre. » Et, vanité à part, Galiani n'avait pas tort de le penser.

Après les éloges dont il fut agréablement chatouillé, vinrent les critiques qui le désolèrent. Il faut l'entendre lorsqu'il parle de ses adver-

saires, les économistes. « Ecrivains ennuyeux et
» lourds (cela est vrai), canaille malhonnête,
» impudente et fanatique, qui vise à la sédi-
» tion..... » Ce n'est pas seulement de la colère,
c'est de la belle et bonne rage. Il est surpris
qu'on n'envoie pas un de ces *misérables* au fort
l'Evêque, et prie Mme d'Epinay d'en dire deux
mots à M. de Sartine, qui est trop honnête pour
lui refuser cette petite satisfaction. Vous vous
souvenez que, quelques années plus tard, Saint-
Lambert, voulant venger l'honneur de ses *Sai-
sons*, fit enfermer un critique célèbre qu'elles
avaient ennuyé. On criait cependant bien haut,
et non sans quelque raison, contre les lettres
de cachet : on les avait en horreur; mais que
voulez-vous ? l'horrible abus existait, et, en
attendant qu'il fût supprimé, ceux qui criaient
le plus fort trouvaient commode de s'en servir.

Galiani garda longue rancune à ses critiques.
Economiste devint dans sa bouche la plus grande
de toutes les injures; les puces, les cousins qui
le mangent, autant d'économistes. Son libraire
Merlin, qui ne le paie pas, encore un écono-
miste. Les personnes qu'il aime le plus lui de-
viendraient odieuses, s'il les croyait attachées à

cette exécrable secte. « Mme Suard est-elle éco-
nomiste? » Cette dame, qu'il trouvait si aimable, si bonne et si douce, qui, en effet, était
tout cela et l'est encore, il l'eût prise en aversion
si elle avait protégé un instant l'exportation illi-
mitée des grains. Mais elle n'avait garde; son
bon esprit la préservait de cette erreur, et sur
les farines comme sur toute autre question, elle
pensait très-judicieusement.

Avec un esprit aussi bouffon que Galiani, les
affaires les plus sérieuses devaient finir par une
arlequinade. Il consent donc à tout oublier, mais
à certaines conditions. La reconnaissance natio-
nale lui érigera une statue. « Dans ce beau rond
» des halles, au milieu des farines et des filles,
» quatre des plus fougueux économistes seront
» enchaînés à ses pieds..... » Toujours les filles;
mais je crains de l'entreprendre sur cet article.
Je vois déjà l'arlequin tirer de sa poche une dissertation fort savante dont le but est de prouver
« 1° que tous les grands caractères aiment le
» libertinage; 2° que cela ne peut pas être au-
» trement. »

Chéri, même admiré des philosophes du siècle
dernier, il n'était cependant pas d'accord avec

.eux sur beaucoup de points importans. J'ai de bonnes raisons pour ne pas dire aujourd'hui ce qu'il pensait de la liberté de la presse. Lui apprend-on que les jurandes et maîtrises viennent d'être supprimées, sa réponse est courte, mais énergique : « Sottises, absurdités. » Invoque-t-on avec emphase les droits sacrés et imprescriptibles de l'humanité ? « Moi, je n'admets » que le machiavélisme pur, cru, vert, dans » toute sa force, dans toute son âpreté. » Il consent très-volontiers à être appelé *machiavelino*. Certes, de telles doctrines n'étaient pas faites pour plaire aux philosophes. Cependant ils aimaient celui qui les professait, ils l'aimaient à la folie, jusqu'à demander qu'on lui assurât en France une pension de 40,000 francs, s'il était assez modeste pour s'en contenter. Ce qui suit expliquera ce qui précède.

Galiani, d'abord, regarde les philosophes, Diderot en tête, comme les plus beaux génies que la France ait vu naître. Le dix-huitième siècle est à ses yeux le premier de tous les siècles. Celui de Louis XIV lui fait pitié. « On ne » le nommera dans la postérité que pour dire que » Voltaire en a parlé. » Voilà déjà une très-bonne note ; Galiani, en outre, ne croyait « rien en rien, de rien sur rien ; » c'était assez honnêtement raccourcir son *credo*. Plusieurs de ses lettres sont saupoudrées de la plus fine impiété. Ses amis lui annoncent que le *Système de la nature* est dénoncé aux tribunaux ; aussitôt il joint les mains et adresse à Dieu la prière la plus touchante : « Préservez, grand Dieu, préservez » l'athéisme de toute fâcheuse persécution ! mais » je tremble..... » Puis, changeant de ton : « N'est-il pas bien plaisant qu'on en soit venu au » point que Voltaire soit aujourd'hui *modéré* » dans ses opinions religieuses? » Oui, très-plaisant assurément; mais, ce qui ne l'est pas moins, c'est de voir qu'en écrivant ainsi, ce mime napolitain priait ses correspondans d'avoir égard à sa position, et de l'excuser s'il ne s'expliquait pas plus clairement. « Je suis abbé, » conseiller du roi : j'écris de Naples. Je dois » être discret. » Peste soit de la discrétion !

La correspondance de Galiani avec Mme d'Epinay dura plusieurs années ; mais je soupçonne que vers la fin elle les fatiguait tous deux, lui surtout. « Vos lettres ne me coûtent plus que » trois sous; il est vrai qu'elles arrivent un peu

» tard ; mais il faut sacrifier le délai au bon
» marché. » Et ce monsignor, qui s'applaudit
d'un bon marché de trois sous, a des gens, un
cocher et un cuisinier qui le volent à qui mieux
mieux ! Mme d'Epinay ne cesse de l'entretenir de
ses migraines, de ses coliques et de ses obstruc-
tions ; je crois qu'il s'en souciait fort peu ; mais,
trop poli pour être en reste avec elle, et man-
quant d'ailleurs de *matière écrivable*, il se la-
mente à son tour, et se dit plus malheureux que
jamais. Les puces, les cousins le piquent davantage ; il digère plus difficilement. Les cors qu'il
a aux pieds deviennent plus durs ; toutes ses
dents tombent ; et à chaque dent qu'il perd, il
dresse de cet événement un procès-verbal qu'il
envoie à Mme d'Epinay, sans oublier ses chats,
ses nièces, etc. N'est-ce pas se moquer d'elle et
de nous, puisqu'il prenait ses mesures pour nous
mettre un jour dans la confidence de ces pauvretés ? Il était donc tems pour tout le monde que
cette correspondance cessât. Les lecteurs sévères
trouveront qu'elle aurait dû finir plus tôt, et les
moins difficiles regretteront qu'on n'ait pas retranché des lettres de Galiani les détails fastidieux qu'elles renferment. Sa gloire y aurait ga-

gné. Mais si ce nouveau Rabelais m'entend, il va diré encore une fois ce qu'il a dit plus de cinquante : « Quant à ma gloiré, je m'en fiche... ; » et moi aussi.

Je terminerai ce chapitre par une anecdote qui, ayant amusé Galiani, pourra en amuser d'autres.

« Vous saurez le changement de Grimaldi à Madrid, en même tems qne celui de Tanucci à Naples. On m'a assuré que les deux courriers se rencontrèrent à Saragosse. Celui de Madrid parla le premier, et dit au Napolitain : « Compère, j'ai une bien grande nouvelle dans ma valise. — Quelle est donc cette nouvelle ? — C'est la démission de Grimaldi. » Sur ce, le Napolitain froidement lui riposte : « Vous me prenez, compère, pour un courrier boiteux ; j'ai la démission de Tanucci dans ma valise. » Jugez de l'étonnement des deux. Ils finirent par s'embrasser et remercier Dieu d'être nés courriers. Enfin ils se quittèrent, bien persuadés qu'ils trouveraient sans faute à qui remettre leurs paquets à leur arrivée.

— N° XXXIX. —

SAINTE-PÉLAGIE.

(Juin 1820.)

—

Nous nous félicitons, en toute occasion, de la douceur de nos mœurs. Nous ne cessons d'exalter ce haut degré de civilisation auquel nous sommes aujourd'hui parvenus. Comment donc se fait-il que le peuple le plus doux et le plus civilisé de la terre ait encore une législation si barbare, au moins dans quelques-unes de ses parties? Pourquoi trouve-t-on dans nos codes des dispositions qui paraissent y avoir été écrites avec du sang, et que les tribunaux n'appliquent jamais qu'à regret? Faisons disparaître ce contraste qui nous accuse, ou soyons un peu moins fiers de notre civilisation et de la douce influence qu'elle a, prétendons-nous, exercée sur les mœurs nationales. Ayons des lois plus humaines, ou vantons moins notre humanité.

Un très-noble pair, que les misères d'autrui n'ont jamais trouvé insensible, a plaidé derniè-rement avec chaleur la cause des *prisonniers pour dettes*, et fait sentir la nécessité d'une réforme dans la législation qui les concerne. Aussitôt les partisans d'une éternelle incarcération se sont écriés qu'il n'en fallait pas davantage pour en-traîner la ruine entière du commerce ; mais je remarque d'abord qu'il ne s'agit pas d'abolir la *contrainte par corps*, mais d'en adoucir l'exces-sive rigueur. Les créanciers les plus durs, les plus vindicatifs, doivent donc se rassurer : le *corps* leur restera, puisqu'ils le veulent, pour assouvir leur cupidité et leur vengeance ; mais ils le tourmenteront moins long-tems, et ils se-ront obligés de le nourrir un peu mieux ; voilà, je crois, tout ce que l'illustre pair a demandé.

Au reste, ne nous abusons pas : le véritable commerce a, dans cette question, beaucoup moins d'intérêt qu'on voudrait nous le faire croire : j'en ai sous les yeux une preuve sans réplique, que je dois aux recherches de M. Michel Burg. Cet ancien magistrat a joint aux *nouvelles observations* qu'il vient de publier *sur la contrainte par corps en matière de dettes dites commerciales* un tableau des *incarcérateurs*; on n'y trouve pas trois commerçans connus que l'on puisse citer; et n'en soyez pas surpris, les commerçans savent fort bien que faire arrêter son débiteur, c'est le perdre et lui enlever tout moyen de s'acquitter. On est rarement payé de ceux qu'on emprisonne. C'est une vérité dont le commerce est bien pénétré.

Aussi tout s'y passe-t-il fort civilement. Les banqueroutes, ou, pour employer un terme moins grossier, et qui blesse moins les oreilles commerciales, les faillites n'y sont pas encore infiniment rares. Il est vrai que le tribunal ne manque jamais d'ordonner que « la personne dudit » failli sera détenue dans une maison d'arrêt » pour dettes; » mais cette partie de sa sentence n'est que comminatoire; rarement la met-on à exécution; et si vous avez besoin de parler *audit failli*, vous le trouvez plus facilement à l'Opéra qu'à Sainte-Pélagie. Bientôt vous le

voyez, d'accord avec les principales parties intéressées, reprendre le cours de ses affaires jusqu'à ce qu'il lui convienne de les interrompre de
nouveau et de faire une seconde fois faillite, mais
de la faire si bonne, qu'il soit dispensé d'en faire
une troisième.

Si parfois on use de sévérité, ce n'est jamais
qu'envers de pauvres petits marchands, victimes
d'une spéculation qui les a séduits. On juge convenable de leur apprendre que faire banqueroute
est, chez eux, une prétention trop grande, et
que ce n'est pas à eux, misérables, qu'il appartient de faillir avec impunité. Quel scandale, si
un banqueroutier de distinction était à Sainte-
Pélagie! Le palais de la Bourse en serait ébranlé
jusque dans ses fondemens, et le crieur n'an-
noncerait plus que d'une voix enrouée le cours
des effets publics. Mais rassurons-nous, ce scandale n'arrivera jamais; j'en ai pour garant le
tableau des *incarcérés*, que M. Michel Burg a
placé à côté de celui des *incarcérateurs* : ce serait une peine inutile d'y chercher le nom d'un
seul commerçant de marque. Ainsi, la loi épar-
gne ceux contre qui elle a été faite, et elle frappe

ceux auxquels elle n'avait certainement pas songé.
C'est la mauvaise foi qu'elle menaçait, c'est, le
plus souvent, le malheur qu'elle atteint.

En effet, que trouvez-vous à Sainte-Pélagie?
Des officiers de tout grade et de toute arme, des
colonels, des lieutenans-colonels, des chefs de
bataillon, que sais-je, moi? De quoi former plusieurs états-majors bien complets, si la guerre
venait à se déclarer. Voilà donc contre quels
commerçans la loi sur la contrainte par corps
est exécutée! Malheur aux braves qui ont affaire
aux vendeurs d'argent! les plus belles blessures,
même un membre de moins, touchent peu ces
cœurs de bronze. Ce n'est pas tout, disent-ils,
d'être estropié, il faut encore payer ses dettes;
mais je leur rends cette justice, qu'ils ne mettent pas d'esprit de parti dans leurs poursuites,
et qu'ils sont cruels avec une grande impartia-
lité. Peu leur importe sous quels drapeaux vous
ayez servi. Héros de la république ou de la
Vendée; soldat de Condé ou de Bonaparte, êtes-
vous leur débiteur, vous devenez leur prisonnier.
Voilà leur opinion. Un de vos vainqueurs d'Aus-
terlitz et de Marengo était naguère *recommandé*
à Sainte-Pélagie par un homme d'affaires, non

moins fameux par son libéralisme que par ses escomptes usuraires.

J'aperçois ensuite sur le tableau des prisonniers pour dettes prétendues commerciales, un ancien magistrat, un diplomate, jadis ministre plénipotentiaire du gouvernement français à *** ; plusieurs rentiers, un étudiant en droit, deux fils de famille, trois avocats et quatre hommes de lettres, parmi lesquels un poète qui est allé là en faisant des chansons et des dettes.

Je ne dis rien des fils de famille ; ils ont été créés et mis au monde pour enrichir les usuriers, et il faut que leur destinée s'accomplisse. Quant aux avocats, c'est leur faute. La loi, par une fiction bizarre, assimile au commerçant quiconque endosse une lettre de change. Des avocats devaient le savoir ; mais des hommes de lettres sont bien excusables de l'avoir ignoré. J'ai été, au reste, fort surpris d'en trouver à Sainte-Pélagie. Sachant combien le papier des hommes de lettres était décrié sur la place, j'eusse hardiment parié cent contre un que les neuf Muses ensemble et Apollon derrière elles n'auraient pas, dans ce siècle grossier, pu trouver vingt-quatre sous sur leurs signatures.

Un ecclésiastique, qui le croirait? un ecclésiastique, que sa profession semblait devoir préserver d'un pareil sort, a aussi sa place dans le tableau des incarcérés, et il y figure, le ciel l'a voulu ainsi, entre deux courtiers-marrons. Que fait-il dans le triste séjour qu'il habite? par quelle occupation charme-t-il ses ennuis? Ce serait bien le cas de composer un bon sermon contre l'usure, qui a tiré un si grand profit d'une loi plus que rigoureuse qu'on n'a point voulu faire dans son intérêt. L'auteur ne manquerait pas de matériaux; ses compagnons d'infortune lui en fourniraient de très-précieux en abondance.

Voilà, je le répète, des commerçans fort extraordinaires. Comment sont-ils là? Chacun le devine : quand on doit, il faut payer; c'est une maxime très-respectable que je ne songe point à combattre; mais peut-être conviendrait-il de ne l'appliquer qu'aux créances légitimes; or, toutes le sont-elles? S'il y a, comme je le confesse, beaucoup d'emprunteurs de mauvaise foi, tous les prêteurs *de profession* sont-ils sans reproches? Je le leur demande à eux-mêmes, en les priant de mettre la main sur la conscience. Adressez-vous à tels que M. Michel Burg signale dans son ouvrage ; vous les trouverez sans peine, puisqu'il a même la bonté de vous dire dans quelle rue ils tendent leurs filets. Voici comment ils travaillent.

C'est de l'argent que vous demandez... De l'argent? Est-ce qu'on en trouve encore aujourd'hui? Il n'y en a plus en France; ces alliés ont tout pris. Cependant on fera de son mieux ; on se saignera pour vous obliger ; mais surtout soyez discret, gardez-vous bien de divulguer le service qu'on va vous rendre ; chacun voudrait être obligé aux mêmes conditions, et on n'y pourrait suffire.

Vous recevrez en bonnes espèces sonnantes, très-peu rognées, le cinquième environ de ce que vous vous engagerez à payer ; on vous donnera le reste en marchandises d'excellente qualité, et sur lesquelles il n'y a pas plus de cinquante pour cent à perdre ; et, afin de vous épargner de pénibles démarches, on poussera la complaisance jusqu'à faire racheter votre pacotille par un honnête homme qui vous attend pour vous en débarrasser ; car il faut que ces marchandises reviennent aux lieux d'où elles sortent, et soient livrées à d'autres dupes qui ne tarderont pas à se présenter. Le tout est déjà réglé en lettres de change, intérêts compris; et quels intérêts? Israël en serait scandalisé. Le brocanteur qui se contente de trois pour cent par mois est regardé par ses confrères comme un gâte-métier, comme un sot qui se ruinera infailliblement; ce qui, toutefois, paraît assez difficile, quand on connaît le secret de ses opérations.

Il a été vendu, l'année dernière, à un jeune étourdi, pour cinquante mille francs de bouchons et d'allumettes. Le soleil n'était pas encore couché que déjà un *compère* avait racheté le tout à vil prix. Ces mêmes bouchons et ces mêmes allumettes furent vendus, dans le cours du mois, à cinq acheteurs différens, dont on n'en a vu que deux à Sainte-Pélagie, les trois autres ayant trouvé le moyen de s'acquitter. Cette opération fut fort vantée dans le tems par toute la bande noire, qui la regarde encore comme un trait de génie en affaires, et n'en parle jamais sans admiration. Or, comment voulez-vous que de si habiles gens viennent à bout de se ruiner?

Dans tous les cas, le *corps* du débiteur est là pour répondre; l'usurier guette sa proie, qui ne peut lui échapper; il la saisit, et Dieu sait quand elle sortira de ses griffes! Le malheureux débiteur passera plusieurs années à Sainte-Pélagie, nourri frugalement à raison de vingt sous par jour, excepté toutefois le trente-un du mois, jour de jeûne solennel pour tous les prisonniers pour dettes, dont le nombre, loin de diminuer, ne fait que s'accroître; car l'usure profite de tout, et les incarcérateurs sont devenus plus impitoyables, depuis qu'ils ont appris que d'augustes personnages, cherchant toutes les infortunes pour les soulager, consacraient une partie de leurs bienfaits à la délivrance des prisonniers pour dettes. « Nos princes sont bons, dit l'usu-» rier, ils délivreront tous ceux que je ferai en-» fermer. » La condition des débiteurs n'en est donc pas meilleure; car plus la bienfaisance en délivre, plus la cupidité en incarcère.

Au moins faudrait-il leur épargner ces frais vexatoires qui les égorgent sans aucun fruit pour les créanciers. Vous vous imaginez peut-être que les prisonniers de Sainte-Pélagie doivent tous des sommes considérables? Détrompez-vous. Tel d'entre eux ne devait que dix-sept francs dans l'origine; mais les huissiers sont venus; et, grâce à leurs soins officieux et à tout ce qui s'ensuit, jugement, exécution, saisie-arrêt, cette somme a pris de tels accroissemens que la mort seule du débiteur pourra payer sa dette, qui s'élève aujourd'hui à plus de 600 francs.

C'est de cette manière que s'est libéré dernièrement un ancien officier supérieur dont les deux fils ont péri dans nos armées. Il était depuis long-tems enfermé à Sainte-Pélagie, où sa santé, et même sa raison, n'avaient pas tardé à s'altérer. Il vient d'y mourir ; et comme il n'a pas laissé de quoi payer son enterrement, c'est le corbillard de la charité qui l'a conduit à sa dernière demeure. Il devait le prix de trois paires de bottes, auquel les gens d'affaires avaient ajouté 800 francs de frais.

Si le sort des débiteurs a jamais été digne de quelque commisération, c'est surtout après une révolution dont le funeste passage a été signalé par tant de désastres publics et particuliers. Espérons donc qu'une voix généreuse n'aura pas en vain retenti au sein des premiers corps de l'état. Les seuls commerçans seront assujettis désormais à la contrainte par corps. Les prisonniers pour dettes verront un peu plus tôt le terme de leur captivité, et on augmentera leur faible ration alimentaire. Bonaparte donnait quarante sous par jour à ceux qu'il renfermait dans ses prisons d'état ; lui reprocherons-nous de les avoir traités avec trop de générosité ?

Je serais encore bien trompé si, malgré l'esprit du siècle, la vieillesse n'obtenait pas un privilége qu'on ne peut lui refuser sans barbarie. M. Burg nous apprend que Sainte-Pélagie compte parmi ses prisonniers un chevalier de Saint-Louis, âgé de quatre-vingt-cinq ans, et qui a plus de soixante ans d'honorables services. On refuse de croire à de pareilles atrocités ; on voudrait se persuader que celui qui les atteste a été trompé par un rapport peu fidèle. Vantez donc maintenant la douceur de vos mœurs et votre humanité !

MÉMOIRES DE L'ABBÉ MORELLET.

(Septembre 1821.)

—

Veritas omnia vincit.

« Si j'ennuie on me laissera là. » C'est bien lui ;
il était inutile de le nommer. A ce trait chacun
l'eût facilement reconnu. Mais pourquoi M. Morellet suppose-t-il qu'il pourra ennuyer ses lecteurs ? Serait-ce parce qu'il parle de lui ? Qu'importe , s'il en parle de manière à nous intéresser ? Mon cher abbé , lui aurait dit M. Suard ,
rassurez-vous ; un homme d'esprit , tel que vous,
ne peut jamais être ennuyeux ou ridicule.

Il arrive cependant bien tard ; et on ne man-
quera pas de demander si , après tout ce qui a
déjà été écrit sur le dix-huitième siècle et sur
la révolution française , l'abbé Morellet peut

avoir quelque chose de nouveau à nous en dire. Mais ne fit-on pas la même question lorsque les Mémoires de Marmontel furent annoncés ? et néanmoins on les dévora. Leur succès fut tel, qu'il dut même étonner beaucoup les amis de l'auteur. Leur lecture, j'en conviens, est attachante, mais que nous apprennent-ils ? Quel fruit l'histoire du dix-huitième siècle et l'histoire de notre révolution peuvent-elles en retirer ? Il me semble que, du moins sous ce rapport, les Mémoires de l'oncle obtiendront la préférence sur le neveu.

Moins agréables, ils sont plus instructifs, font mieux connaître le dix-huitième siècle, nous donnent enfin une idée plus juste des hommes et des choses de cette époque. Marmontel a fait une partie de ses *Souvenirs* avec son imagination. Les diverses circonstances de sa vie sont pour lui un canevas sur lequel il brode de jolis mémoires où vous retrouvez presque toujours, et dans sa toilette la plus recherchée, l'aimable auteur des *Contes moraux*. C'est, je l'avoue, un moyen sûr de plaire ; mais est-ce ainsi qu'on instruit ?

L'abbé Morellet a moins d'art. La coquetterie, on le sait, ne fut jamais son défaut. Il dit ce qu'il a vu, ce qu'il a fait, et le dit avec simplicité, et à ses risques et périls. S'il vous ennuie, vous le laisserez là ; mais quoiqu'il ait autrefois traduit des romans, il n'en sait pas faire : tel est son respect pour la vérité, ou pour ce qu'il croit l'être, que, de peur de l'altérer, il se refuse à l'embellir. Cette sévérité ne sera peut-être pas du goût de tous les lecteurs ; mais elle accommodera fort les bons esprits qui cherchent dans les mémoires historiques autre chose qu'un vain et stérile amusement.

M. Morellet fit ses humanités chez les jésuites de Lyon ; mais ces années de collége, que tant d'autres se rappellent avec charme, ne lui offrent que les plus tristes souvenirs ; il n'y *pense pas sans horreur.* Et d'où vient cette horreur ? « Je fus, dit-il, en cinquième et en sixième, » constamment un des derniers de la classe, et » fouetté régulièrement tous les samedis. » C'était ses menus plaisirs de la semaine. Je conviens qu'ils n'étaient pas très-aimables ; mais soixante ans passés depuis n'auraient-ils pas dû lui faire oublier ce petit désagrément qui, j'ai quelque raison de le penser, était alors assez ordinaire? Est-ce qu'on se souvient de cela? Il s'en souvient, lui, comme s'il n'y avait qu'un jour; vous diriez qu'il lui en cuit encore.

« C'était sans doute, observe-t-il, pour l'exemple et l'instruction des autres; car il est sûr que pour moi cela ne me servait de rien. » J'en doute, et avec d'autant plus de raison, que je le vois bientôt s'élever aux premières places, et obtenir à la fin de l'année des *premiers prix* dans les classes supérieures. La recette n'était donc pas si mauvaise; mais il aurait peut-être fallu en user avec plus de modération : *tous les samedis, c'est trop.*

Je ne sais si nous devons encore en faire honneur à la recette; mais il est certain qu'après avoir achevé ses humanités, le jeune Morellet voulut se faire jésuite : il y était appelé d'en haut; mais ses parens ne lui permirent pas de répondre à sa sainte vocation, et ce fut pour la *société* un sujet distingué de moins.

Voyez pourtant à quoi tiennent nos destinées. Sans la résistance de sa famille, M. Morellet était jésuite; et il a été philosophe, ce qui est un peu différent. M. Morellet, jésuite, n'aurait connu que de nom Diderot, d'Alembert...... Il n'eût point travaillé à *l'Encyclopédie*, mais très-probablement au *Journal de Trévoux*, rédigé par nos Pères, et où l'*Encyclopédie* et les encyclopédistes n'étaient pas, on le sait, très-bien traités. Mais il en fut décidé autrement : et peut-être aurions-nous mauvaise grâce de nous en plaindre. L'abbé nous a laissé des mémoires qui ne manquent pas d'intérêt. Le père Morellet n'aurait pas même eu l'idée d'en faire ; et nous y aurions perdu, de plus, une fort jolie chanson, en vingt couplets contre les jésuites, composée et chantée plus de vingt ans après leur suppression. Il y avait de l'à-propos.

En sortant du séminaire, où il devint un *théologien très-argu*, M. Morellet entra dans la maison de Sorbonne, et y gagna bientôt l'estime et la bienveillance de ses confrères. « Ils ne m'appelaient, dit-il, que *le bon Morellet*. » Mais que fit-il là? demanderont quelques beaux esprits du jour, qui trouvent fort plaisant de dénigrer des études dont ils n'ont aucune idée. M. Morellet a pris la peine de répondre à leur sotte question ; et, certes, il lui appartenait plus qu'à tout autre de venger la scolastique de leurs mépris ridicules. Elle donna plus de justesse et

de sagacité à son esprit; elle l'accoutuma à
« démêler l'objection et à y répondre ; » c'est-
à-dire, grâce à elle enfin, qu'il fut le plus terrible argumentateur de son tems. Malheur, on
ne l'a pas oublié, malheur au téméraire qui
osait disputer contre lui! violent dans la dispute,
comme il en convient lui-même, il poussait de
rudes bottes à son adversaire. *Le bon Morellet*
avait surtout cela de bon : quand il frappait, il
assommait. Linguet et d'autres en surent quelque chose.

La Sorbonne ne fut pas un des derniers éta-
blissemens que la révolution jugea à propos de
détruire ; et, en effet, puisqu'on croyait pouvoir se passer de religion, la Sorbonne était
parfaitement inutile. Elle avait, d'ailleurs, cinquante mille livres de rente ; donc il fallait la
supprimer. L'abbé Morellet, qui a réponse à
tout, nie la conséquence. « De quel droit, s'é-
» crie-t-il, de quel droit, avec quelle justice,
» les assemblées, dites *nationales*, m'ont-elles
» privé de ces avantages pour toujours, sans
» m'en donner la moindre indemnité? J'avais
» ma part, au moins ma vie durant, de la pro-
» priété usufruitière des cinquante mille livres

» de rente attachées à l'association dont j'étais
» membre. J'avais ma part de l'habitation , de
» l'usage d'une grande bibliothèque. J'avais ma
» part du pain, du vin...... ; et , sous prétexte
» que c'était là un établissement public , on m'a
» privé de tout !!! » L'auteur répète bien souvent , dans ses Mémoires, ce lugubre refrain :
« On m'a privé de tout ! »

Pardonnons ces souvenirs à sa douleur. Que
d'autres proscrivent les regrets ; qu'ils interdi-
sent la plainte au malheur , et lui ôtent ainsi sa
triste et dernière consolation ; je n'aurai point
cette cruauté. Je ne dirai pas à l'homme qui a
tout perdu : Réjouis-toi d'avoir été dépouillé.
Mais il me semble qu'en rappelant un désastre
général, l'abbé Morellet ne s'oublie pas assez ,
et qu'il s'appesantit beaucoup trop , dans ses
Mémoires, sur les injustices dont il a été la victime : injustices très-déplorables sans doute ,
mais qui, comme il le remarque lui-même ,
sont effacées par d'autres bien plus criantes et
bien plus barbares. Tant de sensibilité dans une
ame si ferme m'a fort étonné. A quoi sert donc
la philosophie , si elle ne nous prépare pas à su-
bir les coups du sort ?

L'abbé Morellet invoque d'ailleurs *le droit* et *la justice*. C'était vraiment bien de tout cela qu'il s'agissait lorsqu'on supprima la Sorbonne, et qu'on le priva de sa part des cinquante mille livres de rente, du pain, du vin..... L'esprit du siècle avait bien d'autres argumens à faire valoir contre cette institution. Puis, il ne fallait pas travailler à *l'Encyclopédie*. Je sais bien que les articles que l'abbé Morellet a fournis à cette collection ne sentent presque point l'hérésie ; mais un homme d'un jugement si profond, qui voyait si juste et de si loin, pouvait deviner sans peine que l'esprit de l'*Encyclopédie* et l'esprit de la Sorbonne ne seraient pas long-tems compatibles.

C'est en Sorbonne qu'il connut plusieurs des personnages dont il a souvent l'occasion de parler dans ses Mémoires : Turgot, les abbés de Loménie, de Boisgelin, de Rohan, de Marbœuf..... Il espérait que ces abbés, destinés par leur naissance à occuper les premières places du clergé, « le conduiraient à leur suite dans la » carrière de la petite fortune qu'il pouvait rai- » sonnablement ambitionner. » Cet espoir fut déçu ; ils oublièrent leur pauvre camarade, qui n'était pas cependant très-difficile à contenter, qui ne demandait que quelques bonnes sinécures ecclésiastiques, les bénéfices les plus simples possibles ; car il n'en voulait pas à charge d'ames. On a déjà bien assez de la sienne à sauver.

Quoi qu'il en soit, la *petite fortune* de l'abbé se fit, un peu plus tard à la vérité ; mais il ne perdit rien pour avoir attendu. Tout compté, pensions, bénéfices, y compris le joli prieuré de Thimer, il avait, au moment où la révolution commença, trente mille livres de rente : tant il est vrai que

Dieu prodigue ses biens
A ceux qui vont vœu d'être siens.

L'abbé Morellet fut satisfait ; et il avait raison de l'être. Trente mille livres de rente, sans retenue , doivent suffire à l'ambition et aux besoins de l'homme de lettres. Je n'en demande pas davantage pour ceux d'aujourd'hui. Je ne leur souhaite que la petite fortune de l'abbé Morellet. Il faut savoir modérer ses désirs.

Lié de très-bonne heure avec les encyclopédistes, M. Morellet se crut obligé de les défendre envers et contre tous. C'était à ses yeux un devoir de conscience ; et il s'en acquitta fort bien. Pompignan fut sa première victime. Voltaire avait fait les *si*, l'abbé Morellet fit les *quand*, les *pourquoi*. « C'était, dit-il, un feu roulant ; il » paraissait un *papier* tous les huit jours. Le » *pauvre diable* fut obligé de retourner dans sa » province. » Et bien lui en prit, car l'abbé Morellet était très-décidé à ne pas *lâcher prise de si tôt*. La bonne ame ! Courage, *mords-les !*

Palissot eut son tour. La comédie des *Philosophes* venait d'être jouée. Aussitôt l'abbé Morellet composa, dans son *collége borgne*, où il demeurait alors, *la Vision de Charles Palissot*, pamphlet ingénieux, mais où, de son propre aveu, il a passé les bornes de la plaisanterie littéraire. « Je ne suis pas, dit-il, sans remords de ce péché. » A la bonne heure. Miséricorde au pécheur repentant, surtout quand il sort de la Bastille. Or, M. de Choiseul, *fort en colère*, y envoya M. l'abbé Morellet, non pour venger l'honneur de Charles Palissot, dont le gouvernement se souciait assez peu, mais pour faire droit aux réclamations des amis d'une *grande* dame que l'auteur de la *Vision* avait très-indiscrètement mise en scène dans son pamphlet.

« Quel dommage, s'écria Voltaire, qu'un si
» brave officier ait été fait prisonnier au com-
» mencement de la campagne ! » Le dommage
était d'autant plus grand, qu'au moment où ce
brave officier fut arrêté, il avait sur le chantier
trois autres *papiers* qu'il préparait pour les semaines suivantes. « J'étais en train, ajoute-t-il ;
» j'aurais suivi la chasse encore long-tems. »
C'est qu'il était vraiment très-*bon* ; mais il ne
fallait pas lui déplaire. Je remarque au reste
avec plaisir que l'abbé Morellet, qui a connu la
Bastille, déclare dans ses Mémoires qu'il n'a
que du bien à en dire. Il fut même très-content
de l'ordinaire qu'on lui servit : témoignage bien
imposant ; car on prétend que l'abbé était assez difficile sur le menu.

Tous ces petits papiers avaient été imprimés
secrètement et vendus sous le manteau. *Le Manuel des Inquisiteurs*, je le remarque à l'éloge
d'un gouvernement trop souvent accusé d'into-
lérance, fut approuvé par la censure ; et cet ouvrage fit encore plus de bruit que les petits papiers. Voltaire le sut, et aussitôt il écrivit, je ne
sais à qui : « Embrassez ce digne frère de ma
» part ; il sauvera notre sainte religion. » Fré-

déric eut un instant l'idée de prendre l'auteur du *Manuel* pour son aumônier; et d'Alembert, qui était alors à Berlin, trouvait cette idée assez drôle. Elle l'était en effet ; mais elle ne fut pas mise à exécution, fort heureusement pour l'abbé Morellet, qui, je le crains du moins, n'aurait point poussé sa petite fortune aussi loin à Berlin qu'à Paris. Le roi de Prusse devait assez mal payer ses aumôniers.

Une nouvelle existence allait commencer pour l'auteur de ces Mémoires. Il sortait de la Bastille... On se ferait difficilement, aujourd'hui, une juste idée de la considération qu'elle donnait aux écrivains que le gouvernement avait la bonté d'y enfermer. Si je disais qu'ils pouvaient, avec confiance, se reposer sur elle du soin de leur réputation et même de leur fortune, personne ne voudrait me croire ; et cependant rien n'est plus certain.

L'abbé Morellet le savait bien ; et il convient même, avec une franchise fort aimable, que, pendant sa détention, cette pensée le soutint beaucoup plus que son *petit* courage, et qu'elle embellissait à ses yeux le triste séjour qu'il habitait. Martyr de la philosophie, il allait être infailliblement prôné par tous les philosophes ; auteur satirique, les gens du monde, qui aiment la satire, l'accueilleraient avec distinction. « Cette Bastille, disait-il, fera ma for- » tune. » Et il nous apprend aujourd'hui que ses espérances n'ont point été trompées, et « qu'il n'avait pas mal calculé les suites de cet » événement de sa vie littéraire. » Heureux tems où il suffisait d'être mis en prison pour faire son chemin dans le monde ; où six mois de Bastille donnaient aux hommes de lettres des pensions, et aux abbés des bénéfices ! Vous avez, dit-on, d'autres avantages dans vos gouvernemens représentatifs. Il faut bien le croire ; mais vous n'avez pas celui-là, qui me paraît regrettable.

J.-J. Rousseau dit, dans ses *Confessions*, qu'affligé de la détention de l'abbé Morellet, il avait prié, à mains jointes, Mme de Luxembourg de solliciter sa liberté. « L'abbé, ajoute-t-il, » m'écrivit une lettre de remercîment qui ne » me parut pas respirer certaine effusion de » cœur. » L'abbé fait mieux dans ses *Mémoires*. Il nie une partie de la dette, et, pour payer l'autre, il décrie, tant qu'il peut, à l'exemple

des philosophes ses amis, ce pauvre Jean-Jacques
qui était, comme chacun sait, la bête noire de
tout le parti. Un chapitre presque entier est consacré à cette bonne œuvre ; et du moins ne peut-
on pas faire à ce chapitre le même reproche
qu'à la lettre de remercîment. « Il respire une
» certaine effusion de cœur. » Peut-être même
trouvera-t-on que la dose est trop forte.

Quoi qu'il en soit, l'abbé Morellet ne tarda
pas à reconnaître que tous ses calculs étaient
justes. Il trouva dans MM. Turgot, de Trudaine, Diderot, d'Alembert, etc., *un redoublement d'amitié*. Ils lui donnèrent toutes leurs
connaissances. D'Alembert le présentait avec
assurance, répétant sans doute ce qu'il avait
écrit au roi de Prusse : « C'est un honnête prê-
» tre qui dit peu de messes ; » et on ne résistait
pas à un si bon certificat appuyé d'un écrou à
la Bastille. « Beaucoup de maisons, dit l'abbé
» Morellet, celles du baron d'Holbac, d'Hel-
» vétius, de Mme de Boufflers, de Mme Nec-
» ker, etc., etc., s'ouvrirent aisément pour
» moi. » J'ajoute : Et beaucoup de tables ; l'un
n'allait guère sans l'autre.

La vie de l'abbé Morellet en fut plus agréable, mais ses travaux littéraires en ont beaucoup souffert. Que de distractions! que de momens perdus! On est surpris que quelques écrivains du dernier siècle, qui ne manquaient certainement ni d'esprit, ni de talent, ne nous aient laissé que des opuscules déjà oubliés, ou près de l'être : la raison en est connue; ils aimaient trop les vanités de ce monde; ils se répandaient trop volontiers dans les cercles brillans de la capitale; enfin ils dînaient trop souvent en ville. Quand on fait tant pour ses plaisirs ou pour son appétit, il est difficile de faire assez pour sa gloire.

La semaine gastronomique de l'abbé Morellet, et je la prends telle qu'il la donne dans ses Mémoires, offre un problème que je laisse à de plus habiles que moi le soin de résoudre : j'y trouve plus de dîners que de jours. Les lundi et mercredi chez Mme Geoffrin, le mardi chez Helvétius; le jeudi et le dimanche chez M. d Holbac, le vendredi chez Mme Necker.

Il reste un jour; mais à qui le donner? Une douzaine d'amphitryons le disputent : M. d'Invaux, M. de Trudaine, Clairault...... Comment les contenter tous? Cela me semble d'autant plus

difficile, que l'abbé Morellet, qui aimait la paix,
avait le bon esprit, lorsque ses amis étaient
brouillés, de ne point entrer dans leurs que-
relles.

Clairault avait un différend très-sérieux avec
d'Alembert; c'était, je crois, à propos de la
comète de 1759, qui a beaucoup fait parler
d'elle. Il s'agissait de savoir quand elle revien-
drait. Clairault et d'Alembert se divisèrent sur
ce point. L'amour-propre de savant s'en mêla,
et ils cessèrent de se voir et même de se saluer.
« Je n'entendais rien à leur dispute, dit l'abbé
» Morellet, et, en sortant de chez d'Alembert,
» qui ne demeurait qu'à deux pas de son anta-
» goniste, rue Michel-le-Comte, j'allais dîner
» chez Clairault, et je faisais des chansons pour
» le géomètre et sa société. » J'aime fort cette
neutralité. L'amitié serait trop exigeante si elle
défendait d'aller dîner chez ceux que nos amis
n'aiment pas.

Les économistes florissaient alors ; leurs dog-
mes étaient obscurs et leur langage tout-à-fait
barbare. On les entendait bien difficilement,
et il est probable qu'ils ne s'entendaient pas toujours eux-mêmes : c'étaient les doctrinaires de

ce tems-là. M. l'abbé Morellet, laissant de côté leur vaine logomachie, démêla ce que leurs doctrines avaient de raisonnable, et s'en servit habilement pour composer le *prospectus* de ce fameux *Dictionnaire de Commerce*, auquel nos pères ont souscrit il y a environ cinquante ans, et dont nous attendons encore le premier volume : ce qui a donné lieu de dire que l'abbé Morellet n'avait pas fait le *Dictionnaire de Commerce*, mais le commerce de Dictionnaire, reproche fort dur, dont il se justifie assez bien dans ses Mémoires.

Il n'était pas le maître de son tems ; la société et les dîners en ville lui en enlevaient une grande partie. Les ministres, les intendans de finances et de commerce, voire les lieutenans de police, prenaient le reste. Ils s'adressaient à lui toutes les fois qu'on attaquait leurs opérations. L'abbé Galiani publie ses *Dialogues sur le commerce des grains ;* et voilà aussitôt M. de Choiseul qui *invite* l'abbé Morellet à les réfuter. Le cas était d'autant plus embarrassant, que les deux abbés « passaient leur vie ensemble, » et qu'il doit paraître dur de réfuter, devant le public, un ami avec lequel on dîne tous les jours depuis dix ans. Mais le ministre ne voulait pas

faire reculer le principe, et l'abbé Morellet ré-
futa. « Je pense, dit-il, avoir fait un assez bon
» ouvrage dans cette réfutation. » Par malheur,
ce bon ouvrage eut beaucoup moins de succès
que les *Dialogues*. Et si le ministère fut pour
l'abbé réfutant, le public fut pour l'abbé réfuté,
et j'en sens la raison ; mais, par politesse, je
ne veux pas la dire.

Il fallut encore, pour l'honneur du principe
et pour celui de M. Turgot, réfuter M. Necker,
qui donnait, on en convient, fort bien à dîner,
mais qui n'entendait pas du tout la question du
commerce des blés. M. l'abbé Morellet rappelle
encore, et comme il le remarque très-judicieusement, *à ses risques et périls*, *sa Théorie du pa-
radoxe*, tous ses Mémoires contre la compagnie
des Indes, et ceux qu'il fit à la sollicitation de
MM. de Sartines et Lenoir, ouvrages dont, il
faut en convenir, on ne se souvient guère aujourd'hui. Ce sont des ombres qu'il évoque, et
cette fantasmagorie n'est pas très-amusante pour
ses lecteurs ; mais il ne peut, comme il les en a
prévenus, leur parler que de ce qu'il a fait ; et,
encore une fois, s'il vous ennuie, laissez-le là,
puisqu'il vous l'a permis.

L'abbé Morellet faisait donc des chansons?

Oui, sans doute; et même il en a fait jusqu'à la fin de sa carrière : on a inséré les plus agréables dans ses Mémoires. Elles ne valent pas, j'en conviens, celles de nos bons chansonniers, mais on y trouve de la facilité, du naturel, quelquefois même un peu de cette malice dont M. Morellet, de son propre aveu, était passablement pourvu. Enfin cela se chante, et je réponds bien que l'auteur n'était pas le moins gai des troubadours de la rue Michel-le-Comte. Dieu, au reste, départ ses grâces comme il l'entend. M. Désaugiers peut tourner plus agréablement un couplet que l'abbé Morellet ; mais je le crois moins fort en économie politique.

Est-il permis *d'écrire et d'imprimer sur les matières de l'administration ?* Oui, me répondent tous ceux qui écrivent et qui impriment ; et j'étais sûr d'avance qu'ils se prononceraient pour l'affirmative ; mais M. de Laverdy, contrôleur-général, pensait bien différemment. Ce ministre ayant lu un manuscrit que M. l'abbé Morellet avait été obligé de soumettre à ses lumières, y fit, à mi-marge, cette réponse remarquable surtout par la noblesse de l'expression : « Ce n'est » point à un écrivain obscur, qui souvent n'a

» pas cent écus vaillant, à endoctriner les gens
» en place. Pour parler d'administration, il faut
» tenir la queue de la poêle et être dans la bou-
» teille à l'encre. »

On dînait ce jour-là même chez le baron
d'Holbac. L'abbé Morellet y porta cette belle
réponse, qui suffirait pour immortaliser trois
contrôleurs-généraux : « Tous nos philosophes,
» dit-il, en furent indignés. » Ils auraient peut-
être mieux fait d'en rire. Quoi qu'il en soit,
M. de Laverdy, fort heureusement pour l'abbé
Morellet, qui avait fondé sa petite fortune sur
ces *matières* qu'il possédait bien, ne *tint* pas
long-tems *la queue de la poêle*. Les ministres, à
cette époque, n'étaient pas éternels ; on en voyait
la fin. D'autres donc arrivèrent, qui permirent
à l'abbé Morellet d'écrire et d'imprimer tout ce
qu'il voudrait sur l'administration, pourvu, toutefois, qu'il fût de l'avis des administrateurs.

Mais de quel droit disposait-on ainsi de tous
ses instans ? Le ministre des finances, soit. *Il
me payait*, dit l'abbé Morellet. M. de Trudaine,
passe encore ; il était son *bienfaiteur*. M. Turgot,
ancien ami, et qui, à peine arrivé au ministère,
avait fait obtenir à l'abbé Morellet une assez

bonne pension sur la caisse du commerce, pouvait encore exiger quelques complaisances; mais
à quels titres MM. de Choiseul, de Vergennes,
de Sartines, etc., le détournaient-ils de la composition de son grand ouvrage? qu'avaient-ils
fait pour lui? Rien : les Mémoires le diraient,
et pourtant ce n'est pas une petite besogne que
d'avoir, à certaines époques, des ministres à
défendre. Ce dix-huitième siècle était bien fron-
deur..., presque autant que le dix-neuvième.
Ah! les ennemis de l'abbé Morellet ont eu bien
tort de lui reprocher ses pensions ; il les a
vraiment gagnées à la sueur de son front. Sa
vie a été un long combat : il l'a passée à réfuter.

Le baron de Grimm, qui avait cependant
dîné avec lui trente ans de suite, le calomnie
dans sa *Correspondance*. Ce baron prétend que,
« sous le manteau de philosophe, l'abbé portait
» la livrée des hommes en place. » Tout prouve
au contraire qu'en écrivant pour eux il soute-
nait sa propre opinion; sa plume, non sa conscience, était à leur disposition. Qui ne sait que
la liberté du commerce fut toujours la dame de
ses pensées, qu'à aucune époque il n'a cessé de

la défendre, et qu'il l'a même défendue contre M. de Calonne, qui pourtant était bien aimable quand il le voulait?

L'abbé Morellet a pu, sans doute, aimer à rencontrer des ministres reconnaissans qui sussent apprécier ses solides travaux; quelquefois même il a pu se plaindre de ne pas voir arriver assez tôt les témoignages de leur reconnaissance. Mais je n'en suis pas scandalisé; puisque le gouvernement l'employait, c'était justice qu'il le récompensât; et, en vérité, depuis que je sais à quels indignes soupçons les services qu'il lui a rendus ont exposé son manteau de philosophe, je trouve qu'il n'a pas été assez payé.

On voudrait que l'abbé Morellet eût un peu moins parlé de ses ouvrages, qui, à vrai dire, ne sont pas très-courus aujourd'hui, et qu'il eût parlé davantage des sociétés où il a vécu, et dont « son zèle pour la philosophie lui a ou- » vert l'entrée. » Les Mémoires qu'il a laissés n'en auraient que plus d'intérêt. Je n'ai pas besoin de dire quel esprit animait ses sociétés, et quelle puissance elles ont exercée sur l'opi- nion. Elles étaient, chacun le sait, aussi politiques que littéraires. Non-seulement des hommes de lettres , mais encore des personnages d'une bien autre importance dans l'état, briguaient l'honneur d'y être admis ; et il faisait bon les entendre. Avec quel mépris ces courtisans parlaient de la cour ! avec quelle chaleur, avec quelle véhémence ces grands seigneurs philosophes frondaient des institutions créées cependant à leur avantage , ne soupçonnant guère que la réformation commencerait par eux, et qu'ils seraient le premier *abus* supprimé ! On s'étonne moins qu'il y ait des révolutions, quand on les voit appelées par ceux qui ont le plus à en redouter. Jusqu'au gouvernement lui-même, qui , sans doute pour être du bon ton , allait quelquefois se placer sur les bancs de l'opposition !

C'est dans ces sociétés que l'abbé Morellet a passé environ cinquante ans de sa vie. Il les a vues toutes ; mais aucune ne lui rappelle d'aussi doux souvenirs que celle du baron d'Holbach , qui jouissait de 60,000 livres de rente , dont il faisait, dit l'abbé Morellet, le plus noble emploi. « Deux dîners par semaine, sans préjudice » de quelques autres jours ; et là se rassemblaient » quinze à vingt hommes de lettres, des gens du

» monde et les étrangers les plus marquans. Une » grosse chère, mais bonne ; d'excellent vin, » d'excellent café et beaucoup de disputes. » Je vous laisse à penser si l'abbé Morellet se trouvait bien là ; c'était sa passion que la dispute.

Et sur quoi ne disputait-on pas chez le baron d'Holbach ? Point de hardiesse politique ou religieuse qui ne fût là discutée *pro et contra.* Dieu lui-même était souvent sur le tapis ; et on disait sur son compte des choses à faire tomber cent fois le tonnerre sur la maison, si, ajoute l'abbé Morellet, qui veut sans doute nous rassurer, *le tonnerre tombait pour cela.* « Diderot, le bon » baron, un docteur nommé Roux, et quelques » autres, établissaient dogmatiquement l'a- » théisme le plus absolu, avec une persuasion, » une bonne foi et une probité *édifiantes.* » On trouvera peut-être que notre licencié de Sorbonne avait là d'étranges sujets d'édification. Mais honni soit qui mal y pense. L'abbé Morellet ne voyait dans ces hardiesses philosophiques, dont le *Système de la nature* peut donner une assez juste idée, que d'innocentes spéculations, qu'un exercice paisible de l'esprit. On lui eût dit alors : L'abbé, prenez-y garde, le jeu est périlleux ;

vous y perdrez vos bénéfices et vos pensions. Il n'en aurait rien voulu croire. Puis, que voulez-vous? « C'étaient, vous dit-il, des athées de la » bonne compagnie. » Il ne pouvait les quitter. Cette société ne lui était pas seulement agréable ; il nous apprend qu'il en a retiré beaucoup d'*utilité*.

Il y fit en effet une connaissance très-utile, lord Shelburne, qu'il appelle son *noble bienfaiteur*, et avec raison. Le ministre, en signant avec la France le traité de 1783, demande une abbaye pour l'abbé Morellet, qui avait, disait-il, *libéralisé ses idées*. La demande était un peu étrange, mais on n'en tint pas moins de compte; et comme alors tous nos abbés commendataires se portaient bien, le ministère donna à l'abbé Morellet une pension de 4,000 fr. sur les économats, qui durent être fort surpris de voir parmi leurs pensionnaires le théologien du *café de l'Europe;* car c'est ainsi que Galiani appelait la maison du baron d'Holbach.

Il convient de remarquer à l'éloge de l'abbé Morellet que son nom était toujours inscrit sur la liste des orateurs qui parlaient *pro Deo*. Il aimait fort le bon baron; il aimait encore plus Diderot, dont il admirait « l'abondance, la faconde et » l'air inspiré. » Mais il ne partageait pas leur opinion sur Dieu. J'ai même quelques raisons de soupçonner qu'il avait conçu le projet de convertir Diderot. Et quelle gloire pour lui s'il eût réussi dans cette pieuse entreprise! quelle gloire! et quel bon bénéfice! Nous n'avions pas une abbaye assez grasse pour payer une telle conversion. Je regrette qu'on n'ait pas trouvé dans les papiers de l'abbé Morellet la minute d'une lettre qu'il écrivit un jour à Diderot, et qui commençait par ces mots : *Monsieur et cher athée*, « J'y » pousse, dit-il, l'argument de l'ordre des » choses, en faveur de Dieu, d'une manière » que je crois neuve. » Il nous avertit, il est vrai, que si de vrais théologiens avaient vu cette lettre, ils en eussent regardé l'auteur aussi *brûlable* que Vanini et Spinosa. Mais toutes les concessions qu'il y faisait à son *cher athée* étaient fort inutiles. Il y a mieux : si la conversion de Diderot avait été possible, l'abbé Morellet n'en aurait pas eu l'honneur : Galiani la lui aurait soufflée.

Cet abbé, moins rude ergoteur, mais cent fois plus aimable que l'autre, fort impatienté un

jour de tout ce qu'il venait d'entendre, prend
la parole et dit : « Messieurs les philosophes,
» vous allez bien vite. Je commence d'abord par
» vous dire que, si j'étais pape, je vous ferais
» mettre à l'inquisition ; et si j'étais roi de
» France, à la Bastille. Mais comme je ne suis
» ni l'un, ni l'autre, je reviendrai dîner jeudi
» prochain avec vous, et vous m'entendrez,
» comme j'ai eu la patience de vous entendre. »
Très-bien, mon cher abbé, disent nos athées ;
A jeudi, donc. Jeudi arrive ; et après le dîner,
le café pris, l'abbé Galiani s'assied dans un
fauteuil, ses jambes croisées en tailleur : c'était
sa manière. Comme il faisait chaud, il prend sa
perruque d'une main, et, gesticulant de l'autre,
il parla ainsi :

« Je suppose celui d'entre vous qui est le plus
» convaincu que le monde est l'ouvrage du ha-
» sard ; je suppose mon ami Diderot jouant aux
» dés, je ne dis pas dans un tripot, mais dans
» la meilleure maison de Paris, et son antagoniste
» amenant une fois, deux fois, trois fois, enfin,
» constamment rafle de six. L'ami Diderot,
» qui perdrait ainsi son argent, dira, sans hé-

» siter, je suis dans un coupe-gorge ; les dés
» sont pipés.

» Ah, philosophes! comment, parce que dix
» ou douze coups de dés sont sortis du cornet de
» manière à vous faire perdre un écu de 6 fr.,
» vous croyez fermement que c'est la consé-
» quence d'une manœuvre adroite et d'une fri-
» ponnerie bien tissue ; et en voyant dans cet
» univers un nombre si prodigieux de combinai-
» sons, mille et mille fois plus difficiles, plus
» compliquées, plus utiles, etc., etc., vous ne
» soupçonnez pas que les dés de la nature sont
» aussi pipés, et qu'il y a là-haut un grand fri-
» pon qui se fait un jeu de vous attraper? etc. »
Est-ce avec cette grâce et cette piquante origi-
nalité que l'abbé Morellet poussait l'argument
de l'ordre des choses? Je fais plus qu'en douter,
et c'est peut-être pourquoi nous n'avons pas,
dans ses Mémoires, la lettre au cher athée.

Nos philosophes se retrouvaient à table chez
Mme Geoffrin; mais ils n'y étaient pas aussi à
leur aise que chez M. le baron d'Holbach; ils
ne pouvaient pas y discuter Dieu *pro et contra ;*
Mme Geoffrin croyait apparemment que le ton-

nerre tombait *pour cela*. Elle était, nous dit-on, méticuleuse, craintive et toujours obséquieuse envers le gouvernement, petit travers que l'auteur des Mémoires trouve excusable dans une femme âgée, qui avait d'ailleurs pour les gens de lettres des procédés tout-à-fait aimables. Elle entre un matin chez M. Morellet, qui ne l'attendait pas. « Bonjour, M. l'abbé; votre nom de baptême? — André. — Cela suffit; passez chez M. Dosne, mon notaire, vous y signerez un contrat de rente viagère de 1,275 livres. » L'abbé Morellet fut, comme vous pouvez le croire, fort touché de cette attention; et, avant de passer chez M. Dosne, « il dit à Mme Geof- » frin cent fois moins qu'il ne sentait; » ce qui prouve qu'on a eu tort de prétendre qu'il n'était pas né sensible. Vingt endroits de ses Mémoires démentent cette injurieuse assertion. Je ne connais rien, par exemple, de plus touchant que les regrets qu'il exprime en rappelant la mort de Mme Helvétius. « Il m'est, dit-il, bien doulou- » reux de penser que je ne l'ai pas vue dans ses » derniers momens, que je ne lui ai pas fermé » les yeux, et qu'il ne m'est revenu d'elle au- » cune marque de souvenir. »

Vous trouverez dans les jugemens de l'abbé
Morellet, sur quelques écrivains de son tems,
d'autres preuves de sa sensibilité. Heureux,
parmi ces écrivains, ceux qui ont dit du bien de
lui! Jeune encore, et après sa première campagne contre Palissot, il fut présenté à Buffon, qui
l'accueillit avec bonté, et lui dit même fort obli-
geamment : « Courage, Monsieur l'abbé, vous
» écrirez bien. » Prédiction qui, dans la bouche
de Buffon, valait un bel éloge; car il a, mieux
qu'aucun écrivain, senti toutes les difficultés de
l'art. L'abbé Morellet s'en est souvenu en com-
posant ses Mémoires. Il n'y parle du Pline français qu'avec admiration ; et croyez que, de sa
part, cela est très-louable ; car tous les philosophes qu'il aimait et révérait le plus, Diderot,
d'Alembert, et Voltaire lui-même, faisaient
très-peu de cas de Buffon. Ils le regardaient
comme un phrasier, comme un déclamateur ; ils
le traitaient de *charlatan*, sans doute parce qu'il
n'avait point de foi à leur baume.

Mais si l'abbé Morellet était sensible aux
éloges, il l'était encore plus aux critiques, et
ses Mémoires le prouvent : les hommes de lettres
dont il croyait avoir à se plaindre y sont peu

ménagés. Je veux bien lui abandonner l'abbé
Arnault, puisqu'il assure que cet abbé *ne valait
pas grand'chose.* Je ne défends pas Chamfort,
esprit plein de malignité, et qui probablement
a plus d'une épigramme contre l'abbé Morellet
à se reprocher. Il fallait bien encore que M. Ché-
nier fût puni de son vers insolent : n'est-ce pas
lui qui a dit de l'abbé Morellet :

> Enfant de soixante ans qui promet quelque chose.

Mais Laharpe, où est son crime? L'abbé
Morellet a été lié avec lui ; il en a reçu des lettres fort tendres, dont il ne manque pas de se
parer dans ses Mémoires, et cependant il traite
cet *ancien ami* avec une dureté qu'on peut appeler barbare. « Si sa conversion, vous dit-il, a
» été réelle, j'en relèverai le mérite en montrant
» d'où il est revenu. » Et aussitôt il transcrit
tout ce que l'auteur du *Cours de littérature* a dit
au commencement de la révolution, soit au
Lycée, soit dans le Mercure. Il se délecte à
rappeler toutes les erreurs, toutes les fautes de
Laharpe, de son *ancien ami* ; il ne tient aucun

compte du repentir éclatant qui les a réparées , et des larmes amères qui les ont effacées. Et vous appelez cela un philosophe! D'où vient donc tant d'animosité , ou plutôt tant de fureur?

On lit dans la *Correspondance littéraire* de Laharpe : « Le public a vu de très-mauvais œil » la préférence donnée par l'académie à l'abbé » Morellet sur Sedaine. » Observation bien pardonnable, si l'abbé Morellet avait su pardonner. Laharpe, d'ailleurs, disait vrai. Peu de choix ont été aussi généralement désapprouvés ; non que l'abbé Morellet ne fût un sujet aussi académique que bien d'autres : il avait beaucoup réfléchi sur le mécanisme des langues ; il était bon grammairien ; et puisqu'il est convenu de dire que l'académie s'occupe d'un dictionnaire de la langue française , un grammairien n'y peut être de trop. Et Laharpe pensait ainsi ; mais le public était d'un autre avis, et croyait que Sedaine , applaudi tous les jours à la Comédie-Italienne, devait l'emporter sur l'abbé Morellet, auteur de quelques ouvrages sur l'économie politique , estimables sans doute , mais qu'on lisait peu. Observez, d'ailleurs, que Laharpe

ajoute : « L'abbé Morellet est un homme d'es--
» prit et un littérateur très-distingué. » Mais
cette concession n'a pu apaiser l'inexorable abbé
Morellet.

Il est des hommes qui ont de grandes obligations à leur étoile, et l'auteur de ces Mémoires
fut de ce nombre , quoiqu'il paraisse en douter.
Comblé d'honneurs littéraires , que, de son
propre aveu , il n'avait jamais osé espérer , il
obtient, quelque tems après, grâce à M. Turgot,
un bénéfice au pays Chartrain, le prieuré de
Thimer, que ses Mémoires rendront célèbre :
c'était bien le plus joli prieuré... « Une char—
» mante habitation, un revenu de quinze mille
» livres, que je portai bientôt à seize, dit l'abbé
» Morellet ; droit de chasse, droit de pêche,
» cens, rentes honorifiques..... » Que sais-je,
moi? tous les droits du seigneur, excepté celui
qu'une loi, déjà ancienne, avait aboli, et dont,
s'il avait encore existé, l'abbe Morellet n'aurait
usé, j'en suis très-sûr, qu'avec une grande discrétion. M. le prieur de Thimer convient qu'il
était *heureux* : bien d'autres l'eussent été à
moins ; mais son bonheur dura peu. Déjà on

apercevait tous les symptômes avant-coureurs des tourmentes politiques; et sans doute qu'un esprit aussi pénétrant que M. l'abbé Morellet ne pouvait s'y tromper; mais il ne croyait pas que les événemens qui se préparaient alors, et dont il n'avait prévu qu'une partie, dussent arriver si tôt. Il proposait même, pour les éloigner, des mesures dont on a depuis reconnu la sagesse. Enfin, satisfait de son lot, M. le prieur de Thimer semblait dire à la révolution : « Si tu es » inévitable, au moins ne te presse pas; attends » pour arriver que je n'y sois plus. » Mais elle n'eut pas pour lui cette complaisance; elle le surprit au moment où il embellissait son prieuré, dont elle le dépouilla, lui volant en même tems sa pension sur l'abbaye de Tolez en Lorraine, sa pension sur la caisse de commerce, sa pen-sion sur les économats, etc., etc., plus de trente mille livres de rente!

Ceux qui n'ont rien perdu, parce qu'ils n'a-vaient rien à perdre, en parlent fort à leur aise; et je suis très-édifié de leur désintéressement. Mais si les pertes de l'abbé Morellet lui ont donné un peu d'humeur, faut-il s'en étonner?

Toutefois, gardons-nous d'attribuer à de viles considérations les jugemens qu'il porte, dans la seconde partie de ses Mémoires, sur les époques les plus déplorables de notre révoluion. Ceux qui l'ont le mieux connu assurent qu'il « ne pouvait supporter dans personne une mau- » vaise action, ni un mauvais raisonnement. » Avec une telle rectitude d'esprit et de cœur, il devait être ce qu'il a été, l'antagoniste de toutes les folies et de toutes les iniquités politi- ques : plus louable encore s'il n'avait pas quel- quefois confondu ce qui équitablement doit tou- jours être séparé, la faiblesse et le crime.

Rappelons-nous enfin ce qui ne saurait être oublié sans ingratitude, qu'en 95, lorsque l'o- rage parut s'apaiser, l'abbé Morellet consacra sa plume à la défense du malheur. *Le Cri des Familles*, *la Cause des Pères*, et d'autres écrits également honorables, furent le fruit d'un dé- vouement qui valut aux familles, sinon tout ce qu'elles avaient le droit de réclamer, du moins beaucoup plus qu'il n'était alors permis d'espérer.

— N° XLI. —

L'INTÉRIEUR D'UN BUREAU.

(Novembre 1818.)

—

Nourri dans le sérail, j'en connais les détours.

L'auteur de cet ouvrage nous avertit qu'il ne l'a point présenté aux comédiens. J'approuve sa discrétion. Il est certain que sa pièce n'offre pas assez d'intérêt, n'est point assez fortement intriguée pour obtenir un succès marquant au théâtre. Je crois qu'elle réussirait davantage dans quelque administration, si on voulait l'y représenter; mais il ne faut pas l'espérer. Personne n'apprendrait son rôle. L'auteur, qui jouit, je le présume au moins, du bénéfice des dernières réformes, se moque très-libéralement de tous ceux qu'il met en scène, depuis le sultan du bureau jusqu'au pauvre surnuméraire, qui déjeune, un mois entier, avec le petit écu qu'on lui donne pour acheter des plumes. Or, ces Messieurs ne peuvent pas décemment consentir à se jouer eux-mêmes; cette complaisance de leur part serait aussi par trop grande ; et il convient d'autant moins de l'exiger, qu'on leur prête dans cette pièce beaucoup de travers qu'il n'ont pas probablement.

Les employés réformés qui ont de l'esprit, et il ne faudrait réformer que ceux-là, sont toujours fort bons à entendre sur les sottises, les politesses dont ils ont été les témoins, sur la morgue des supérieurs et l'excessive humilité des subalternes. On ne doit cependant pas les croire sur parole. Ils chargent toujours un peu, afin de donner plus de valeur à leurs contes ; et lorsqu'au lieu d'un conte, ils font une comédie, c'est encore pis, ou mieux. Enfin on est réformé, et on a de l'humeur, ce qui heureusement ne rend pas la comédie moins gaie.

A tout seigneur, tout honneur. Le rôle le plus important de la pièce est confié au chef de bureau, M. Dupré, personnage très-vain, très-ridicule, fat, impertinent, qui se donne de grands airs, joue l'homme d'importance.......

Jusque là je n'ai rien à dire. Je connais l'enivrement des grandeurs. Salomon en aurait sans doute parlé avec moins de dédain, s'il avait eu un bureau à gouverner; c'est un ministère en miniature, qu'un bureau.

M. le chef reçoit presque autant d'hommages que le valet de chambre de son excellence. Il a une cour et des flatteurs. Les pauvres têtes n'y résistent pas. On prend si facilement sa place pour sa personne, et l'importance qu'on se donne pour le mérite qu'on n'a pas et qu'on n'aura jamais! C'est, j'en conviens, sottise toute pure; mais, parmi quelques milliers de chefs de bureau que la France a le bonheur de posséder, est-il donc impossible de trouver un sot? Vous en trouveriez deux, et peut-être trois, si vous cherchiez bien. Cela suffit pour la justification de l'auteur. Son modèle existe quelque part. Il est vrai que pas un chef de bureau ne voudra se reconnaître dans M. Dupré; mais laissez faire les employés, et comptez sur leur zèle! Ne les voyez-vous pas qui, par malignité, renvoient chaque trait à son adresse. C'est notre chef, dit le rédacteur. C'est bien lui, reprend le vérificateur, et tous les commis de répéter : C'est bien lui. Le chef de division l'apprend et en sourit ; mais patience, son tour arrivera. Il n'est pas invulnérable. L'Achille de l'administration a un talon.

Il convient d'être indulgent aux jeunes écrivains qui montrent d'heureuses dispositions à médire. On médit si peu aujourd'hui! nous serons peut-être incessamment obligés d'accorder une prime à la médisance. Je passerai donc beaucoup de choses à M***. Je me garderai bien surtout de lui reprocher la scène de *la belle solliciteuse* ; qu'un chef de bureau soit sensible, qu'une belle solliciteuse soit reconnaissante, et que, grâce à la sensibilité de l'un et à la reconnaissance de l'autre, l'aimable protégé s'empare d'une place occupée par un sujet qui n'a point de mérite, si le cas n'est pas ordinaire, rien au moins n'empêche de le supposer. Mercourt, d'ailleurs, ainsi que l'atteste sa protectrice, qui paraît le bien connaître, « a toutes sortes de bonnes qualités ; » il chante la romance en perfection, il danse à merveille ; tandis que l'employé qu'il remplace chante faux, et sait à peine faire la révérence. L'administration ne peut que gagner beaucoup à cet échange.

Mais ce M. Dupré, que de beaux yeux rendent si tendre, comme il est dur au pauvre monde! le faquin se croit déjà..... Avec quelle impertinente légèreté, pour ne rien dire de plus, il traite ce *solliciteur* de province, qui réclame, d'une voix suppliante, le très-petit emploi dont il a été injustement dépossédé! J'ai souffert, je l'avoue, en voyant ce malheureux si durement éconduit. Mais, après tout, que vient-il faire chez M. Dupré? quels sont ses titres? vingt-cinq ans de services, c'est quelque chose..... ; mais point de protections. Du talent, de la probité... ; mais point de protections ; une famille nombreuse, quatre enfans qui ont aussi grand'faim que si le pain n'était pas cher, tout cela est fort touchant..... ; mais point de protections. Il faut aussi savoir se rendre justice et rester chez soi, quand on n'a que de pareilles considérations à faire valoir. Puis, comme dit M. Dupré, « ces » gens-là ont bien besoin de se marier..... Ils » sont impayables avec leurs droits. Pouh ! » qu'est-ce que des droits? »

Cette scène, au reste, a singulièrement déplu, mais pour une autre raison, à certains critiques, qui, sans tenir compte à l'auteur d'une teinte légère d'indépendance qu'on croit remarquer dans sa pièce, lui ont fait sentir qu'il prenait bien mal son tems pour s'égayer aux dépens des solliciteurs. Il était, suivant eux, très-convenable et même d'obligation de verser le ridicule, le mépris et l'outrage sur les hommes qui eurent l'étrange idée de demander des places à l'époque de la restauration. Il est enjoint à tout écrivain de respecter les solliciteurs, car c'est nous qui sollicitons, et ce que nous demandons nous est dû. « Pouh! ils sont impayables avec leurs droits. »

Les chefs de bureau, dans l'opinion de M. Dupré, qui ne sera pas ici d'accord avec les chefs de division, doivent être regardés comme les véritables colonnes de l'état. Une seule de leurs distractions suffit pour déranger tous les rouages de la machine politique. « Il ferait bon voir un » royaume où les chefs de bureau se donne- » raient du loisir! » C'est M. Dupré qui dit cela, et qui en est si pénétré qu'il ne perd pas une seconde; mais ce qui lui donne le plus de peine, ce qui le fatigue horriblement, c'est la correction du travail des employés. Ces petits messieurs se croient aussi savans que leur chef, et ils ne

sont encore qu'à l'A B C du style administra-
tif, dont les nuances sont si fines, si délicates,
qu'il faut la vie de l'homme pour pouvoir les
saisir. M. Dupré les rappelle à des sentimens
plus humbles et plus conformes à leur position
en leur renvoyant leurs minutes toutes chargées
de ses ratures. Une lettre ne sort pas de son bureau qu'il n'en ait changé toutes les expressions.
Quel travail! il faut l'avoir fait pour en sentir
toutes les difficultés.

M. Dupré, *s'approchant de sa table :*

« Voyons ces dossiers ; ho! ho! voici une mi-
» nute bien nette ; corrigeons : *Monsieur, j'ai*
» *l'honneur de vous informer ;* mettons : de vous
» faire connaître ; c'est mieux — *que la demande*
» *que vous avez faite —* que vous avez formée —
» *pour obtenir —* afin d'obtenir... hon... hon...
» *Je souhaite que les circonstances —* je désire que
» les circonstances... hon... là. Il ne se vantera
» pas de la netteté de sa rédaction. »

M. Dupré, comme on voit, ne corrige pas
pour le plaisir de corriger. Toutes ses correc-
tions sont essentielles, et prouvent un tact ex-
quis et une connaissance très-approfondie de

toutes les finesses de notre langue. Qui croirait, après cela, que M. Dupré, qui devrait aimer les lettres, ne fût-ce que par reconnaissance, en fait cependant très-peu de cas, et tance vertement ceux de ses employés qui ont l'air de vouloir s'en occuper? « Tel que vous me voyez, » dit-il à l'un d'eux, j'ai été littérateur, j'ai » fait des vers, j'ai fait de la prose, j'ai fait » enfin tout ce qu'on peut faire dans les lettres; » mais j'ai quitté cette carrière pour celle de » l'administration, et j'ai bien fait. » Très bien fait, assurément : un chef de bureau sait et peut compter tous les matins ce que sa plume lui rapporte; tandis que l'homme de lettres n'a le plus souvent rien à attendre de la sienne, à moins qu'il ne la vende. M. Dupré a donc bien fait de changer de métier : plus d'argent, d'abord, et ensuite plus de considération. C'est quelque chose au moins, qu'un chef de bureau; mais un homme de lettres! ce n'est rien du tout. A quoi d'ailleurs cela est-il propre? on n'en veut pas même pour rédiger de simples accusés de réception.

L'opinion de M. Dupré est assez généralement répandue, et elle date de loin. Lorsque

M*** fit jouer, il y a déjà plusieurs années, sa première tragédie, le directeur de l'administration où il travaillait voulut le chasser de ses bureaux. « Un homme de lettres dans mon administration! et un poète encore! qu'on le renvoie à l'instant; je ne suis pas un Colbert. » On vint cependant à bout d'apaiser son excellence, en lui prouvant, pièces sur table, que M***, quoique homme de lettres, n'était cependant pas le plus mauvais de ses commis. « C'est que je ne suis pas un Colbert, répétait toujours M. le directeur. » Et il disait vrai.

On connaît les droits et les priviléges de la comédie : tout, en France, est de son domaine, excepté cependant le roi et la charte; ou, comme d'aucuns se plaisent à dire, la charte et le roi. Cela mis à part, moquons-nous du reste, et ne nous fâchons pas si on se moque de nous. Les chefs de bureau, qui entendent tous la plaisanterie, qui ont tous l'esprit bien fait, seront très-certainement les premiers à rire des travers de leur très-honoré confrère, M. Dupré, et comme d'ailleurs ils aiment l'art, et qu'ils savent que les sujets de comédie commencent à manquer, je ne doute pas qu'ils ne soient très-agréablement flattés d'en avoir fourni un auquel on semblait ne pas songer. C'est une bonne fortune dont ils sentiront le prix ; dussent les employés dire tout bas : C'est notre chef.

Je les crois toutefois très-autorisés à se plaindre de la scène du *fournisseur*. Que M. Dupré soit sensible aux charmes d'une aimable solliciteuse, je le conçois sans peine, et peut-être qu'à sa place..... Il devrait être défendu aux jolies femmes de solliciter ; elles ont des argumens auxquels les plus forts logiciens sont obligés de se rendre ; mais que M. Dupré soit, de plus, sensible aux cadeaux précieux qui lui sont offerts, cette sensibilité est moins excusable que l'autre. Je suis de bonne composition ; je ne parle pas de ces paniers de vins fins et de liqueurs dont l'antichambre de M. Dupré est tellement encombrée, que le plus fluet, le moins perceptible des solliciteurs, ne peut la traverser qu'en présentant le côté. Est-ce que M. Dupré est responsable des paniers de vin et de liqueurs que ceux qui lui rendent visite oublient dans son antichambre ? il a d'ailleurs ordonné de les descendre à la cave. Mais ce qui suit sort des bornes d'une honnête plaisanterie.

Un fournisseur se fait annoncer, c'est précisément le fournisseur chez lequel M. Dupré *dîne tous les jeudis.* « Ha, qu'il entre. » Le sujet de conversation est bientôt trouvé ! on cause *d'affaires*, et, tout en causant, l'homme aux fournitures tire, par distraction, de sa poche une tabatière d'un prix considérable. M. Dupré, qui a du goût, admire le poids de ce bijou ; on le prie de l'accepter : il résiste ; sa délicatesse..., ses principes... Le fournisseur, qui n'est pas dupe de ces grands mots qu'on l'a depuis long-tems accoutumé à entendre, n'en devient que plus pressant : « Un peu de complaisance, M. Dupré..., heim ! » M. Dupré se laisse aller, tout en protestant contre la violence qu'on fait à ses principes et à sa délicatesse. « M. Dupré, j'aurai l'honneur de vous revoir pour cette affaire. » Et le fournisseur s'en va. Certes le trait est vilain ; heureusement qu'il est peu vraisemblable. Ces choses-là pouvaient se voir autrefois ; mais aujourd'hui que la morale est rétablie..., fi donc ! Une prise, passe encore, la morale ne le défend pas ; mais une tabatière ! une tabatière en or massif, enrichie de diamans ! on ne le croira pas !

Après le chef de bureau viennent les commis de différens grades. On aime à les entendre; ils sont tous mécontens; on voit tant de passe-droits dans leur administration! Il y a plus de six mois que le *surnuméraire* devrait être chef de division; mais comment parvenir? Une place vient-elle à vaquer? on la donne au parent du secrétaire particulier de son excellence, qui est en train d'achever sa rhétorique; cela barre le chemin aux vieux employés.

Ils sont tous envieux et ne manquent point de vanité. Ils ont la meilleure opinion de leur petit mérite; chacun s'estime beaucoup et estime fort peu son camarade; le *sous-chef* se passerait fort bien du *rédacteur*, qui, de son côté, demande à quoi sert un sous-chef; le *vérificateur*, à son tour, ne voit que lui d'important, de nécessaire, et croit que, si l'on supprimait sa place, on serait obligé de fermer le ministère; mais tous rendent hommage aux bonnes et belles qualités de M. Dupré, « homme vain, tracassier, brouillon, égoïste, habile... à faire son chemin, chamarré de cordons qu'il a gagnés à coups de plumes, etc., etc. » C'est un concert charmant de médisances et de malédictions dans lequel chaque employé fait sa partie, de manière à contenter les amateurs. *L'expéditionnaire* est le plus malin de tous; oh la mauvaise langue! il emporte la pièce; cela ne m'étonne pas; il émarge pour si peu de chose! ses appointemens sont si faibles! il faut bien qu'il s'en dédommage; mais avancez-le, il s'adoucira. Qu'il devienne seulement *commis d'ordre*, le poste est joli. On salue un commis d'ordre.

Quelques mots heureux, quelques intentions comiques me font désirer que l'auteur de ce croquis veuille bien prendre la peine de l'achever. Sa position actuelle le lui permet. Il a du loisir, et se moquer de ceux qui furent ses supérieurs, est, sans contredit, le plus digne et le plus agréable emploi qu'il puisse faire de son tems; mais j'espère qu'il ne s'en tiendra pas au chef de bureau, et qu'il portera ses regards encore plus haut : m'entend-il?

LE CONDUCTEUR
AU CIMETIÈRE DU P. LACHAISE.

(Novembre 1820.)

Le cimetière de l'Est ou du P. Lachaise n'est ouvert que depuis quinze ans ; et déjà plusieurs générations y reposent et nous attendent au rendez-vous ; déjà on songe à agrandir ce vaste magasin de la mortalité, tant les rangs y sont resserrés. Je demande pardon à mes lecteurs si je débute par une si triste réflexion ; mais peut-il en naître d'autres de la lecture de l'ouvrage que j'ai à leur annoncer, de la description d'un cimetière ? Un pareil sujet impose même à la frivolité, et la rend malgré elle sérieuse et pensive : irait-on s'égayer sur des tombeaux ?

On n'en compte pas moins de quinze mille

dans le seul cimetière du P. Lachaise. M. Marchand de Beaumont a décrit les plus remarquables, soit par leur structure, soit par les dépouilles qu'ils renferment; et ici, du moins, une idée consolante vient adoucir ce que le sujet offre de repoussant aux esprits faibles et timides. Ces monumens sont, à mes yeux, la réparation d'un grand outrage fait à la morale publique dans un tems que nous voudrions pouvoir effacer de notre mémoire.

Alors la religion des tombeaux fut méconnue. Les morts furent même bannis de leurs pieux asiles : on troubla leur paix, on confondit leurs cendres; encore, plus d'honneurs funèbres, plus d'hommages publics. Le cercueil, indécemment porté au champ du repos, affligeait tous les regards. Si, du moins, à défaut d'une tombe qu'on refusait à ses regrets, le fils avait pu reconnaître l'humble gazon qui couvrait la cendre de son père, il serait allé dans l'ombre et à la dérobée l'arroser de ses pleurs; mais pouvait-il remplir ce dernier devoir de la piété filiale au milieu de tant de cadavres pêle-mêle entassés? Jamais la mort ne parut plus hideuse qu'à cette époque; rien n'en diminuait l'horreur. L'impiété, tant qu'il était en son pouvoir, avait brisé cette chaîne sacrée qui, chez tous les peuples, unit encore ceux qui ne sont plus à ceux qui survivent.

Lorsqu'un célèbre navigateur fut sur le point de quitter les bons habitans d'Otaïty, ces insulaires lui demandèrent où serait sa sépulture : il leur nomma Saint-Paul de Londres; dès lors le nom de leur ami et celui du lieu où ses cendres devaient reposer un jour se confondirent dans leurs discours comme dans leur souvenir. Cook et Saint-Paul leur rappelèrent les mêmes bienfaits, leur commandèrent la même reconnaissance. Telle est l'opinion des sauvages sur le respect dû aux tombeaux, et nous, nous qui ne cessons de vanter notre civilisation, nous....... Mais qu'allais-je dire?

Non, il n'est pas permis d'acccuser ici la nation française. Le scandale que j'ai rappelé ne peut être imputé qu'à quelques insensés qui, aujourd'hui, j'aime au moins à le croire, abjurent leurs fureurs et leur délire. Ce scandale cessa dès que la voix publique, trop long-tems étouffée, put se faire entendre. Bientôt les convois eurent leur pompe, le deuil tous ses honneurs, et la religion, qui n'en doit jamais être séparée, leur imprima son auguste caractère : alors recommencèrent à s'élever ces monumens où la tendresse maternelle et la piété filiale, où la reconnaissance et l'amitié gravèrent de tendres et touchans souvenirs. La cendre des morts est donc redevenue chez nous l'objet d'un culte particulier, et nous voyons avec une vive satisfaction qu'à cette époque de l'année, qui est plus spécialement consacrée à les honorer, leurs tristes demeures sont aussi fréquentées que les promenades publiques dans les plus beaux jours de l'année. La semaine dernière nous en a offert une nouvelle preuve ; combien de parens, combien d'amis sont allés s'attendrir et prier sur la tombe de ceux qui leur furent chers! L'affluence était telle que la police se vit obligée de prescrire, à l'entrée des cimetières, les mesures de précaution qu'elle prend ordinairement à la porte de nos spectacles. Voilà le Français ! ceux qui cherchent encore à dénaturer son caractère doivent reconnaître aujourd'hui l'inutilité de leurs efforts ; leurs désolantes doctrines sont repoussées avec indignation de tous les cœurs.

En décrivant les monumens funèbres, M. Mar-

chand de Beaumont n'a point oublié les inscriptions qui les couvrent. Quelques-unes m'ont
paru fort touchantes, et j'y reviendrai ; mais
combien font pitié, combien, suivant moi, suffisent pour provoquer la surveillance de l'autorité! Je ne suis pas plus qu'un autre ami de
la censure ; je la regarde comme un de ces maux
que la misère des tems rend nécessaires ; mais
j'avoue qu'un censeur des épitaphes me plairait
fort ; et, certes, ses fonctions ne seraient pas
sans utilité : grâce à lui, pour peu qu'il eût de
tact et d'habileté, nous ne verrions plus dans
nos cimetières tant d'inscriptions bizarres qui
scandalisent les passans, et excitent en eux un
sentiment bien différent de celui que la gravité
du lieu doit inspirer.

Indulgens pour les faiblesses humaines, ac-
cordons quelque chose à la vanité, puisqu'à
toute force elle veut même survivre à la mort ;
mais ne souffrons pas qu'elle soit poussée jusqu'au ridicule. J'ai lu dans *le cimetière du Père
Lachaise* des épitaphes tellement extravagantes,
que si les défunts en avaient connaissance, ils
seraient tout honteux des éloges qu'on leur prodigue, et que leur rang dans la société ne leur

a pas même permis d'ambitionner. Un censeur remédierait à cet abus, qui est plus grave qu'on ne pense ; car les étrangers visitent tous les jours nos cimetières ; ils lisent nos inscriptions, et peuvent se former une très-fausse idée de notre goût et de notre respect pour les convenances. Censurons donc les épitaphes ; je le demande au nom de l'honneur national.

On lit sur le tombeau d'un coiffeur ce magnifique quatrain :

> Actif, intelligent, plein de goût et d'adresse,
> Il fut, aimant les arts, le premier dans le sien.
> Sensible et généreux, son cœur goûta l'ivresse
> Du bonheur, du *génie* et de l'homme de bien.

Que la coiffure soit un art, même un art admirable ; que M... ait surpassé tous ses rivaux, c'est ce que j'accorde très-volontiers ; mais les deux derniers vers sont-ils là bien à leur place ? *Le génie* ne vous semble-t-il pas un peu fort, lorsqu'il s'agit d'un artiste, très-habile sans doute, et créateur si l'on veut, mais qui, après tout, n'a créé que des perruques ?

Sur quelle tombe croyez-vous qu'on ait gravé ce vers d'Horace :

> *Quando ullam invenient parem ?*

Sur celle d'un suisse de paroisse. Je ne me trompe pas; j'ai bien lu. Or maintenant, comment louera-t-on les héros ou les savans illustrés par de grandes découvertes, lorsqu'on parle ainsi d'un suisse de paroisse? *Quand trouvera-t-on son égal?* Est-ce la veuve qui l'a voulu? Il faut convenir alors qu'elle a donné un peu trop d'énergie à l'expression de ses regrets. Voilà pourtant de ces sottises que mon censeur ne laisserait point passer. Ce n'est pas même sans difficulté qu'il permettrait de dire que Mlle... *fut de toutes les vertus* LE PUISSANT *assemblage ;* et il témoignerait quelque surprise en apprenant que M*** est mort parce qu'il *fit excès de la vertu.* Un homme de bon sens ne verrait dans cette inscription, et dans bien d'autres, que l'excès du ridicule. Que penser des suivantes ?

« Sous cette noble épine repose celui dont les
» vertus sentaient la rose. Passant, curieux des
» tombeaux, ici le coffre des vertus repose sans
» flambeau. »

Ci-gît ma femme; ah! qu'elle est bien,
Pour son repos et pour le mien!

Du burlesque et de la satire dans un cimetière ! je l'ai vu, c'est à l'autorité à y mettre ordre, à surveiller la rédaction des épitaphes, ne fût-ce que pour l'honneur de l'orthographe : n'est-on pas scandalisé de lire dans un des cimetières de la capitale : « Ci-gît N...., homme » de bien, marchand de *beur?* » Mon censeur, si surtout il était académicien, ferait ici une légère correction.

Point de pompe, point de recherche dans les inscriptions funèbres ; les plus simples sont celles qui portent le plus au cœur et à l'imagination. Celle-ci me plaît beaucoup : « Ci-gît mon meil- » leur ami, c'était mon frère » ISABEY. Elle me rappelle un vers heureux de Legouvé :

Un frère est un ami donné par la nature.

Il est difficile de lire sans attendrissement les lignes que je vais transcrire :

« Cher enfant, ton père et ta mère te cher- » chent partout ; mais ils ne peuvent te trou- » ver que sous ce marbre, et dans le séjour » éternel où tu les attends. Ange d'innocence » et de douceur, nous nous reverrons. »

Vous ne demanderez pas qui a composé cette inscription ; vous sentez que c'est une mère. Oui, c'est d'un cœur maternel qu'est sorti ce cri de la douleur ; une voix étrangère n'aurait pu imiter ces accens qui pénètrent l'ame ; l'art les aurait affaiblis. Je trouve dans l'ouvrage de M. Marchand plusieurs inscriptions sur le même sujet ; mais elles me touchent moins ; ce ne sont pas des mères qui les ont faites.

Celle qui a adressé des adieux si touchans à l'objet de ses plus chères affections n'aurait pu survivre à une séparation si cruelle ; mais vous voyez quelle idée consolante est venue se placer entre la douleur et le désespoir. *Il l'attend.* Le dogme de l'immortalité de l'ame ne trouve point d'objections dans les cœurs qui savent aimer. La mère et l'enfant ne sont pas séparés pour toujours ; ils *se reverront... Il l'attend.* Ne serait-ce, s'il est permis de le supposer, ne serait-ce qu'une illusion, il y aurait de la barbarie à la combattre et à détruire l'unique consolation d'une mère affligée qui suivrait son enfant au tombeau, si elle ne pouvait le suivre en esprit vers un autre séjour où ils se reverront, où il l'attend.

Apprenez maintenant, et tâchez de lire sans indignation l'inscription gravée sur la tombe de... « Ici repose *l'ame* de... » Un poète qui vivait cent ans avant Socrate a dit : « Affligez-vous » moins pour la perte de vos amis ; ils ne sont » pas morts tout entiers ; » et nous lisons aujourd'hui dans un de nos cimetières : « Ici repose » l'ame ! » Que faut-il de plus pour faire sentir la nécessité de réprimer la licence des inscriptions funèbres ?

Quand on visite avec l'auteur, qui én a tracé un plan très-exact, tous les monumens dont le cimetière du Père Lachaise est couvert, on ne peut s'empêcher de faire une remarque affligeante. Que de talens la mort a moissonnés dans ces derniers tems ! Qui réparera les pertes que les sciences et les lettres ont faites depuis quinze à vingt ans ? Ce ne sera pas, assurément, nos facteurs de brochures politiques ; et voilà cependant à peu près tout ce qui nous reste. Triste dédommagement !

Je m'arrête ici un instant près du monument de Delille : c'est une heureuse idée de n'y avoir gravé que son nom ; il dit assez. Mais déjà des mains téméraires ont noirci le marbre de ce monument; et, si l'on n'y prend garde, la tombe du poète sera bientôt souillée de mauvais vers, le plus sanglant outrage qu'elle puisse recevoir. Admirateurs indiscrets, ce sont d'autres dons qu'elle attend de vous; offrez au chantre de la nature les plantes qu'il aima, les fleurs que sa muse a chantées.

> Donnez des fleurs, donnez. Que le lis, que la rose,
> Trop stérile tribut d'un inutile deuil,
> Pleuvent à pleines mains sur son triste cercueil,
> Et qu'il reçoive au moins ces offrandes légères
> Brillantes comme lui.....

C'était naguère la fête des tombeaux; et on aime aujourd'hui à voir ces couronnes, ces guirlandes qui les décorent et que des mains pieuses viennent d'y déposer; on aime à voir de jeunes arbustes croître et s'élever autour des monumens. C'est un parent ou un ami qui les a plantés, et il les entretiendra avec un soin religieux. Ainsi l'image riante de la vie embellit le séjour même de la mort. Tout commerce n'est donc pas rompu avec ceux que nous avons aimés. Ils vivent dans notre pensée... Puis l'espoir de les retrouver un jour... Ils nous attendent. Qu'on fasse donc disparaître, au plus vite, cette dé-

solante profession de matérialisme : « Ici repose
» l'ame. » Elle contriste , elle glace tous les
cœurs ; et on ne s'attend guère à trouver dans
un lieu où tout doit annoncer que l'ame est immortelle , où un seul néant peut être proclamé ,
celui des grandeurs et des distinctions sociales.

Ce qui , dans l'ouvrage de M. Marchand de
Beaumont, ne peut manquer de frapper encore
les esprits qui aiment à réfléchir , c'est le rap-
prochement des conditions les plus opposées. Il
faudrait placer ici la chaire de Bossuet. Le génie
de cet orateur, déjà si grand près d'un tombeau,
s'élèverait encore à la vue de tant de générations
confondues. Avec quelle force , traversant les
âges comme des instans, et passant *du repos au
réveil* *, il peindrait d'abord le jour qui doit
rendre contemporains les hommes de tous les
siècles ! et ensuite avec quelle facilité il terras-
serait toutes les vanités humaines, en les montrant telles que la mort les a faites !

Là , le riche est couché près du pauvre, le
jardinier près de son seigneur. Là encore , par
un caprice du hasard, qui dans ce lieu est sou-

---

* *Qui dormiunt in terræ pulvere evigilabunt.*

vent le seul maître des cérémonies, là gisent
côte-à-côte deux ennemis long-tems acharnés à
se nuire; et un peu plus loin, je les ai vus, deux
journalistes qui, de leur vivant, n'ont cessé de
se quereller tous les matins. Qui donc sait si l'on
ne m'y trouvera pas un jour à côté d'un des ré-
dacteurs du *Constitutionnel?* Peut-être alors vien-
drons-nous à bout de nous entendre : ce sera au
moins le moment ou jamais de nous réconcilier;
mais, en attendant, mes bons amis, disputons, disputons toujours ; cela fait du bien à la
santé.

VIE PRIVÉE

DE VOLTAIRE ET DE Mme DU CHATELET.

(Septembre 1820.)

—

Les morts sont aujourd'hui fort à plaindre : on a bien peu de soin de leur réputation ; leurs torts les plus cachés, leurs faiblesses les plus secrètes sont exposés au grand jour ; et, afin de les humilier davantage, on les force eux-mêmes à nous les révéler. Voyez Mme d'Epinay : ne doit-elle pas beaucoup de reconnaissance aux éditeurs de ses Lettres? Nous avons bien entendu dire que la vertu de cette dame n'était pas très-farouche ; mais la tradition est si médisante! Tous les esprits bien faits n'en voulaient rien croire : or, le moyen d'en douter à présent, lorsque les fameuses lettres nous ont appris ce que nous n'aurions même jamais osé soupçonner! Je m'en tiens à cet exemple; il suffit pour prouver ma thèse.

Courage donc : multiplions nos recherches, que rien ne puisse y échapper. Fouillons partout, nous serons peut-être assez heureux pour déterrer quelques turpitudes encore ignorées, quelques infamies inédites. Toutefois, cela devient de jour en jour plus difficile. Les mines les plus riches finissent par s'épuiser; et, après tant de *confessions*, tant de *mémoires posthumes*, tant de *correspondances*, qui devaient rester secrètes et qu'on a livrées au public, je ne vois pas ce que nous pourrions encore attendre en ce genre. Certes, il doit rester bien peu de scandale en portefeuille.

C'est, en vérité, fort peu de chose que celui qu'on nous donne en publiant les lettres écrites de Cirey par Mme de Graffigny, qui n'était pas encore, et qui n'annonçait même pas devoir être un jour l'auteur des *Lettres Péruviennes*. L'éditeur a très-grand tort de croire qu'on va

le lapider; il lui plaît de se faire beaucoup plus coupable qu'il n'est réellement. « On dira (c'est
» lui qui parle), on dira sans doute que publier
» ainsi le secret des familles, éclairer la vie pri-
» vée de Voltaire et de Mme du Châtelet, c'est
» faire connaître une liaison illicite que les lois
» désapprouvent, que la morale condamne, et
» qui aurait dû rester ensevelie à jamais dans le
» néant d'où on l'a exhumée. » Je prie M. l'é-
diteur de se rassurer; on ne lui fera, j'en suis fâché pour lui, aucun des reproches qu'il s'adresse à lui-même. Les familles, d'abord, sont aujourd'hui fort aguerries. N'est-ce pas assez, disait dernièrement M....., d'avoir l'honneur de nos femmes à défendre? Faudra-t-il courir tous les jours au secours de nos grand'mères? Il faut d'ailleurs observer que le secret dont il est ici question est, depuis long-tems, le secret de la comédie. Qui donc ignore de quoi il retournait à Cirey en 1738? Qui ne sait qu'on n'était pas là seulement pour étudier la physique et mettre Newton *à la portée de tout le monde?* Témoin, entre mille autres, ce joli impromptu fait par Voltaire en se promenant, le soir, avec Emilie :

> Astre brillant, favorable aux amans,
> Porte ici tous les traits de ta douce lumière ;
> Tu ne peux éclairer, dans ta vaste carrière,
> Deux cœurs plus amoureux, plus tendres, plus constans.

Quand on dit de ces choses-là à la lune et que le public les entend, il n'en demande pas davantage ; il sait à quoi s'en tenir. Au reste, ne se scandalise pas qui veut, je le répète.

On fera à l'éditeur un reproche qui lui sera peut-être plus sensible. Mme de Graffigny, écrivant à un ami de l'enfance, qu'elle traite avec la plus grande familiarité, qu'elle appelle tantôt *Pampan*, tantôt *Pampichon*, et croyant que ses lettres ne sortiraient jamais des mains de qui les recevait, a pu dire tout ce qui lui passait par la tête ; il n'y a rien d'indifférent pour l'amitié ; les moindres détails lui sont précieux. Mais à quoi bon, cent ans plus tard, raconter de pareilles misères au public ? Peut-on exiger de lui l'indulgence d'un ami ? Le prenez-vous pour Pampan ou Pampichon ? Si l'éditeur avait fait ces réflexions, que je crois sages, il eût retranché du recueil qu'il publie beaucoup de pauvretés qu'il y a laissées et qui sont le seul scandale que j'y trouve. Heureusement que Voltaire est là et qu'il égaie un peu la scène ; sans lui elle serait bien triste.

Après avoir lu deux ou trois lettres de ce recueil, vous connaissez Cirey comme si vous y aviez aussi passé six mois. Mme de Graffigny décrit avec une minutieuse exactitude les appartemens de Voltaire et de Mme du Châtelet... Ne regardez pas le reste. Hors de là, *tout est d'une saloperie à dégoûter;* c'est un inconvénient pour les étrangers ; mais les hôtes vous en dédommagent. *La nymphe* est aimable quand on arrive. Voltaire ne cesse pas de l'être ; il faudrait avoir de grandes dispositions à l'ennui pour s'ennuyer auprès de Voltaire.

On aperçoit dans le lointain un troisième personnage qui fait tout ce qu'il peut pour plaire à tout le monde, mais qui, quoi qu'il fasse, ne peut plaire à personne. On ne le voit qu'à table, et seulement jusqu'au dessert : c'est encore trop ; il incommode. On ne le chasse pas de la maison, mais quand il s'en va, il fait grand plaisir. « Le » bonhomme part demain, personne n'en pleu- » rera; c'est une confidence que nous nous sommes

» déjà faite. » Chacun devine que le bonhomme
c'est M. du Châtelet. Mme de Graffigny aurait
pu se dispenser de le nommer; car enfin c'était
le bonhomme qui l'hébergeait.

La vie de Cirey était assez bizarre. Il n'y avait
de dîner que pour ce qu'on appelait les *cochers*,
savoir : le seigneur châtelain, une dame de
Chambonin, son fils, et autres esprits grossiers
qui ne pouvaient pas s'en passer. Voltaire et
Emilie se contentaient de souper; c'est d'eux
que Mme de Staël écrivait : « Ils ne se montrent
» qu'à la nuit close. Voltaire fait des vers galans
» qui réparent un peu le mauvais effet de cette
» conduite inusitée. Mme du Châtelet fait actuel-
» lement la revue de ses *principes*; c'est un exer-
» cice qu'elle réitère souvent, sans quoi ils pour-
» raient s'échapper, et peut-être s'en aller si
» loin qu'elle n'en retrouverait pas un seul. »
Cette lettre est datée de Sceaux, où Voltaire
et Mme du Châtelet se trouvaient alors.

Il fallait donc, quand on était à Cirey, savoir
se tenir dans sa chambre, car la dame du lieu
ne quittait pas la sienne de la journée, et il était
défendu aux profanes d'y pénétrer. On dérogea

toutefois à cette règle en faveur de Clairault. On s'enferma avec lui pour résoudre des problèmes dont Voltaire ne pouvait pas donner la solution ; Saint-Lambert, un peu plus tard, obtint le même privilége, et avec lui il ne pouvait être question d'algèbre et de physique ; mais comme il était moraliste, témoin son *catéchisme*, on voulait sans doute qu'il assistât à la revue qu'on faisait de ses principes. Ces liaisons, malgré leur innocence, troublèrent souvent le repos de Voltaire, qui, trompé par de fausses apparences, criait très-impertinemment : « Ah ! voilà » bien les femmes ! Pardon, mesdames, c'est vo-» tre histoire à toutes. » Le *bonhomme*, qui le croirait? était alors le plus philosophe des deux. C'est qu'il savait qu'il n'y avait rien à craindre des femmes qui ont des principes et qui en font la revue toutes les semaines.

Il ne faut pas demander si les soupers étaient délicieux ; tous les plaisirs s'y trouvaient réunis, dit Mme de Graffigny : tantôt Voltaire faisait de jolis contes, tantôt il lisait un acte de *Mérope*, ou un chant de *Jeanne*. Un autre jour il montrait la *Lanterne magique*, et ne manquait jamais d'y

faire passer charitablement Fréron et Desfon-
taines ; enfin, quand on pouvait trouver assez
d'acteurs, on jouait *Boursouffle* et *la Mort de
César*.

On causait souvent littérature ; et alors Voltaire, qui croyait que nous n'en saurions jamais
rien, prononçait des jugemens fort étranges.
« Les *Lettres persanes* sont puériles ; c'est un
piètre livre. Je ne conçois pas comment on peut
sourire aux *Plaideurs*. Qu'est-ce qu'une ode ?
c'est le plus petit mérite que celui d'en faire ;
galimatias, rapsodie. Je ne comprends pas
comment d'honnêtes gens lisent ces choses-là. »
Voltaire, il ne faut pas l'oublier, a fait une
vingtaine d'odes qui ne sont pas très-bonnes.
Pouvait-il, d'ailleurs, estimer un genre de poésie où J.-B. Rousseau avait excellé? On sait
qu'il ne parlait jamais de ce grand lyrique sans
entrer en fureur. « Si Rousseau était mort, di-
» sait-il, je le ferais déterrer pour le pendre. »
Mme de Graffigny, qui rapporte cette gaîté de
Voltaire, a-t-elle tort de le croire plus fanatique
que les fanatiques qu'il hait ? »

Mme du Châtelet avait la très-mauvaise habitude de décacheter et de lire toutes les lettres qui arrivaient à Cirey, n'importe à qui elles fussent adressées. C'était pousser loin la curiosité ; mais on a beau passer régulièrement ses principes en revue, les retenir tous est difficile ; il y a toujours quelques déserteurs. Mme de Graffigny s'aperçut bientôt que le cachet des lettres qu'elle recevait avait été brisé, et elle en conclut assez naturellement que les siennes ne devaient pas être plus respectées ; circonstance qui seule suffirait pour expliquer comment elles sont, vers la fin surtout, si peu intéressantes. Or, le malheureux Pampan ne s'avisa-t-il pas un jour d'écrire que le *chant* de la Jeanne était charmant : c'était le *plan* qu'il avait voulu dire ; mais on ne fit pas d'abord cette réflexion. « Il a » donc lu ma *Jeanne !* s'écria Voltaire. — *Elle* » a donc volé le manuscrit dans mon bureau, » dit la dame. » Et il n'en fallut pas davantage pour attirer l'orage le plus violent sur la pauvre Mme de Graffigny. Si l'on ne connaissait pas les auteurs, on croirait que la scène se passe à la Halle.

Voltaire commença l'attaque : il était furieux ;

mais, dans sa fureur, il gardait encore quelques mesures, et cherchait moins à offenser Mme de Graffigny qu'à obtenir d'elle l'aveu d'une faute qu'elle n'avait pas eu l'idée de commettre. « Je » suis perdu, Madame; ma vie est entre vos » mains. Il y a cent copies de ma *Jeanne*, et » c'est votre ami qui les a données! Je pars à » l'instant, je me sauve en Hollande....., au » bout du monde....., je ne sais où. » Ces reproches et ces plaintes duraient depuis une heure, quand Mme du Châtelet arriva *comme une furie*. Elle tira la fatale lettre de sa poche. « Voilà, » voilà, dit-elle, la preuve de votre infamie! » vous êtes la plus indigne des créatures, un » monstre que j'ai retiré chez moi, non par ami- » tié, car je n'en ai eu jamais, mais parce que » vous ne saviez où aller; et vous avez l'infamie » de me trahir! de m'assassiner! de voler dans » mon bureau un ouvrage pour en tirer co- » pie!..... »

Mme de Graffigny observe que toutes ces gentillesses furent dites *le poing sous le nez*, et « avec » des gestes dont elle attendait les coups à cha- » que instant. Sans Voltaire, dit-elle, qui l'ar-

» racha d'auprès de moi, elle m'aurait soufflet-
» tée..... » Charmante Emilie! adorable Emilie!
les injures qu'elle proféra, et dont la victime
n'a retenu que la plus faible partie, produisirent
bientôt l'effet qu'on pouvait en attendre. Mme de
Graffigny tomba dangereusement malade ; tout
cependant était déjà éclairci, et l'innocence de
l'accusée bien reconnue. Voltaire, soit dit à son
honneur, témoigna un vif repentir de tout ce
qui s'était passé. Il n'entra pas une fois dans la
chambre de la malade sans lui faire les excuses
les plus humbles et les plus touchantes. Quant à
Mme du Châtelet, elle fut toujours très-*froide* et
très-*sèche* ; mais tel était son tempérament moral ; et elle n'en valait que mieux pour commen-
ter Newton.

On trouve à la fin de ce recueil cinquante
lettres pour lesquelles je donnerais volontiers
toutes les autres ; mais je crois inutile de les
louer..... ; elles sont de Voltaire.

— N° XLIV. —

MÉMOIRES DE Mlle BERTIN.

(Novembre 1824.)

AVANT de rendre compte de ces Mémoires, il faut, cette précaution est indispensable, en faire connaître l'auteur, personnage, j'en conviens, fort célèbre dans son tems, mais un peu oublié dans le nôtre, et dont j'imagine que beaucoup de lecteurs n'ont peut-être jamais entendu parler. Mlle Bertin, qu'on appelait à Versailles Mlle *Rose*, était la marchande de modes de la reine, et, par une conséquence nécessaire, des plus grandes dames de la cour; c'était-elle qui prononçait les oracles du goût, et, pendant vingt ans, l'art de la toilette, en France, n'eut pas d'autre législatrice.

Quoi ! va-t-on s'écrier, une marchande de modes qui compose des mémoires! et des mémoires historiques! Pourquoi pas? Ceux-là, du moins, sont authentiques. Pour s'en convaincre, il suffit de les lire. Je sais qu'aujourd'hui, lorsqu'un personnage, plus ou moins connu, a oublié, de son vivant, d'écrire des mémoires, on se permet effrontément, à nos risques et périls, d'en publier sous son nom après sa mort ; mais ici point de fraude, point de fausse supposition : nous possédons les véritables Mémoires de Mlle Rose.

Malheureusement pour leurs éditeurs, ils arrivent trop tard. On y trouve peu de faits nouveaux, peu de particularités qui ne fussent déjà connues ; nous savions, du moins, tout ce que l'auteur y raconte d'important. D'autres nous l'avaient appris, et leur témoignage nous suffisait ; car, attachés à la cour soit par leur naissance, soit par la nature de leurs fonctions, et ne la quittant que très-rarement, on pouvait croire qu'ils avaient été aussi bien informés de ce qui s'y passait que Mlle Bertin, qui allait une fois par semaine à Versailles, et y faisait ce qu'elle appelait pompeusement son *travail;* mais qui, ce travail une fois terminé, revenait à Paris pour y surveiller son magasin, dont les affaires l'occupaient plus que celles de l'état.

Quand on veut écrire des mémoires historiques, et qu'on a peu de choses à dire sur les autres, il est permis de parler de soi. Mlle Bertin, usant de cette permission, nous apprend que la Picardie l'a vu naître, et que ses parens, estimés dans le commerce, après lui avoir donné une éducation « médiocre, mais suffisante pour » les vues qu'ils avaient sur elle, prirent la ré- » solution de l'envoyer à Paris. » Ils ne pouvaient lui annoncer une nouvelle plus agréable. En l'apprenant, elle tressaillit de joie. C'était, elle le savait, dans la capitale que ses hautes destinées devaient s'accomplir. « J'étais persua- » dée, dit-elle, que j'y ferais une grande for- » tune ; » et comment en aurait-elle douté? une bohémienne le lui avait prédit.

Cette sorcière, car c'en était une, ayant examiné attentivement la main de Mlle Rose, qui n'avait alors que neuf ans, s'était écriée : « O » ma fille! quel brillant avenir! que de gran-

» deurs! on vous *portera la robe* à la cour. » Sa prédiction était claire, et l'événement la justifia plus tard, comme on le verra dans ces Mémoires, et comme je le dirai par anticipation.

Un jour que Mlle Bertin traversait les appartemens du château de Versailles, elle s'aperçut que son laquais, nouveau débarqué, qui n'avait pas fait une étude assez approfondie de l'étiquette, lui *portait la robe*, et même, par honneur, la levait très-haut. « Mon premier soin, » dit-elle, fut de l'arracher de sa main; » mais il était trop tard. Cette aventure fut le sujet de toutes les conversations du jour, et même du lendemain. Mais si les uns eurent le bon esprit d'en rire, les autres s'en scandalisèrent, et ils y virent un sinistre présage. Mlle Rose venait de recevoir un honneur qui n'appartenait qu'aux dames de qualité! On lui avait porté la robe! La monarchie était menacée de quelque grand danger. Ils s'en ressouvinrent quand la révolution arriva.

Envoyée d'Amiens à Paris, Mlle Bertin fut placée chez Mlle Forget, *au Trait galant*, qui tenait à cette époque le sceptre de la Mode, ou, si l'on veut, sa marotte. L'école était bonne sous tous les rapports : on citait les demoiselles du *Trait galant* comme des modèles de sagesse et de vertu. Cette maison se faisait remarquer par une régularité de mœurs d'autant plus louable, « qu'elle est fort rare dans cette profession. » C'est du moins ce que l'auteur observe ; mais, comme elle paraît avoir été mal informée, vous n'êtes pas obligé de l'en croire.

Quoi qu'il en soit, ce fut *au Trait galant*, ce fut dans ce sanctuaire impénétrable à la séduction, que Mlle Bertin passa les premières années de sa jeunesse, attendant, non sans beaucoup d'impatience, les grandeurs qui lui avaient été promises, et fort étonnée qu'elles tardassent tant à arriver. Enfin, une circonstance heureuse la fit connaître de deux princesses du sang, et, grâce à leur protection, qu'elle dut, non moins à la régularité de sa conduite, qu'à l'élégance de son talent, elle vit s'accomplir la prédiction qui lui avait été faite.—« O ma fille ! on vous portera la » robe à la cour ! » Cependant, malgré cet exemple et beaucoup d'autres qu'elle trouvait fort *singuliers*, diriez-vous qu'elle assure dans

ses Mémoires « qu'elle n'a jamais cru d'une *foi*
» *parfaite* aux prédictions? » Que fallait-il donc
de plus pour lui donner cette foi parfaite et pour
lever tous ses doutes? Ces esprits forts sont en
vérité bien difficiles à contenter.

Jeune, et comme elle nous permet de le croire,
assez jolie, Mlle Bertin ne pouvait manquer d'a-
voir des adorateurs : elle en eut donc ; mais tous
les efforts qu'ils firent pour triompher de sa vertu
furent inutiles : elle sortait du *Trait galant*, et,
à la manière dont elle répondit à leurs avances,
ils durent s'en apercevoir. « Je tenais, dit-
» elle, à conserver une réputation sans tache. »
L'exemple qui suit suffirait pour le prouver.

Un prince, qui depuis..., mais alors il n'était
que libertin, désespéré de ses rigueurs, fatigué
d'admirer en pure perte ses *jolies mains* et d'autres agrémens dont la nature l'avait douée, ré-
solut de l'enlever et de la conduire à sa *petite
maison* de Neuilly, qui, disent ces Mémoires,
était le théâtre ordinaire de ses excursions ; mais
le ciel ne permit pas que ce projet fût exécuté :
un des domestiques du prince avertit Mlle Bertin
du danger qui la menaçait, et elle dut son salut

à la délicatesse de ce valet, beaucoup plus honnête que son maître, ce qui n'était pas très-scru-
puleux.

Moins discrète que moi, elle nomme en toutes
lettres, non-seulement l'auteur de ce noir com-
plot, mais encore tous ses complices; elle fait
connaître ensuite les moyens énergiques qu'elle
employa pour se soustraire aux persécutions dont
elle était l'objet, et dit comment elle évita la
petite maison de Neuilly..... Il se pourrait que
ces particularités, et d'autres encore qu'elle se
complaît également à raconter, eussent moins
d'importance pour ses lecteurs que pour elle.
Quant à moi, je ne me sens pas le courage de
les condamner, et j'excuse, quels qu'ils soient,
les motifs qui l'ont engagée à nous les communiquer. Une grande sévérité serait ici bien déplacée : ce ne sont pas les mémoires d'un ministre, d'un homme d'état que j'annonce, ce
sont ceux de Mlle Rose.

Au reste, la plus grande, et sans contredit
la meilleure partie de ces Mémoires, est consacrée à un plus noble sujet. Mlle Bertin s'y occupe exclusivement de son auguste bienfaitrice,

de cette malheureuse princesse dont les heu--
reuses qualités ont été trop long-tems mécon-
nues. « J'ai passé, dit-elle, vingt ans de ma vie
» auprès de la reine, et je l'ai toujours vue la
» bonté personnifiée. Lui avait-on rapporté un
» beau trait, une action vertueuse, elle se plai-
» sait à les raconter..... » L'auteur ajoute qu'à
son arrivée en France, Marie-Antoinette fut
idolâtrée. Comment donc a t elle cessé de l'être?

Elle eut des ennemis au sein même de la cour.
Ce malheureux parti d'opposition, déjà connu,
est signalé dans les Mémoires de Mlle Bertin.
On voit, en les lisant, avec quelle malveillance
les mécontens, encouragés par la faiblesse du
gouvernement, se plaisaient à envenimer les actions les plus innocentes de la reine, préparant
ainsi de tristes événemens, dont ils auraient dû
prévoir qu'ils seraient les premières victimes,
car ce n'est jamais impunément pour eux que les
grands enseignent aux peuples à mépriser l'autorité royale.

On reprochait à la reine de se mêler des affaires de l'état, et de demander toutes les places
pour ses protégés; il est prouvé aujourd'hui que

les recommandations qu'elle adressait aux ministres étaient, presque toujours, le fruit des importunités et de l'oppression. « Ils veulent » donc (disait-elle en parlant de quelques cour- » tisans qui la fatiguaient de leurs demandes, » sans cesse renouvelées, qui, déjà accablés des » bienfaits, n'étaient pas encore rassasiés) ; ils » veulent donc faire de moi une intrigante. « Ce rôle convenait peu à sa dignité, et elle le sentait fort bien. Mais la cupidité des solliciteurs n'en tenait aucun compte. Mlle Bertin observe « que la reine ne nommait que les colonels. » Il eût été plus exact de dire que quelques colonels avaient été nommés à sa recommandation, et notamment deux ou trois qui se montrèrent plus tard fort indignes de l'intérêt qu'elle leur avait porté.

Que n'a-t-on pas dit encore de ses prodigalités? A en croire la malveillance, le trésor public en était épuisé. Cette calomnie est encore une fois réfutée dans les Mémoires que j'annonce. J'y trouve la preuve que les dépenses de la reine ont été fort exagérées, et certainement nous avons vu mieux depuis. Nous avons vu des princesses, sorties des derniers rangs de la société, dépenser beaucoup plus pour leur toilette que l'auguste fille de Marie-Thérèse, qui comptait tant d'empereurs et de rois parmi ses aïeux.

L'histoire du *collier* tient beaucoup trop de place dans les Mémoires de Mlle Bertin. Tout le monde sait, aujourd'hui, à quoi s'en tenir sur cette déplorable affaire, dont on ne doit, au reste, imputer les plus fâcheuses conséquences qu'à l'éclat scandaleux que l'autorité, bien mal conseillée, eut l'imprudence de lui donner. Mlle Bertin en fit l'observation le jour même où le cardinal fut arrêté, et je m'étonne que, dans cette circonstance, le ministère ait eu moins de prévoyance et de sagacité qu'une marchande de modes.

— N° XLV. —

TABLETTES

DE LA REINE D'ANGLETERRE.

(Avril 1821.)

—

Oui, sans doute, elle est innocente ; mais n'en parlons plus. A quoi bon revenir sans cesse sur un point qui n'est plus en litige? Un procès mémorable qui, malgré les échauffourées de Naples et du Piémont, n'est point oublié, a décidé une question que nos brochures avaient déjà fort éclaircie. Il est donc bien inutile de fournir de nouvelles preuves à l'appui d'un fait si rigoureusement démontré, et de venir encore au secours d'une innocence qui n'est attaquée par personne. Puisque, ce qui, dans un cas de cette nature, est assez difficile, vous êtes arrivé à l'évidence, contentez-vous-en ; je vous le conseille, même dans l'intérêt de celle que vous défendez. On sait ce que répondit cet Athénien auquel on demandait pourquoi il proscrivait Aristide : « Je me lasse de l'entendre appeler *juste*. » N'est-il donc pas à craindre que quelque esprit mal fait, comme il y en a tant, ne dise également : « Je me lasse de l'entendre toujours appéler *la plus vertueuse des femmes*, ce qui n'est pas, d'ailleurs, très-poli pour la mienne, dont la vertu, après tout, en vaut bien une autre. »

Le traducteur des *Tablettes* a pensé différemment. C'est pourquoi l'on trouve, au commencement de ce volume, un nouveau plaidoyer en faveur de la reine ; plaidoyer fort de preuves, et aussi puissamment raisonné que celui de M. Brougham, mais fort inutile, puisqu'il est reconnu qu'on ne peut plus rien ajouter à la conviction des juges et de l'auditoire. Autant vaudrait-il, suivant moi, entreprendre de prouver qu'Hercule était brave, que M. Baour-Lormian est le premier poète, et M. le général *** le premier orateur du siècle.

Puis, je voudrais qu'en défendant l'accusé, on fût un peu moins dur envers les accusateurs.

Ce sont, il est vrai, des ministres; et, dans un gouvernement représentatif, on n'est pas ministre pour avoir toutes ses aises. Mais, ministre ou non, l'équité veut qu'on écoute ce qu'ils ont à dire pour excuser leur conduite. M. Desquiron de Saint-Aignan connaît aussi bien que nous les vilains bruits qui couraient sur le compte de son auguste cliente, bruits très-calomnieux, nous le savons aujourd'hui, mais enfin généralement répandus. Les ministres anglais n'ont-ils pas pu, comme tant d'autres, être trompés par de fausses apparences? Je l'ai été tout le premier; car, entre nous, je ne la croyais pas si sage.

Je pense, au reste, comme M. Desquiron de Saint-Aignan, que même dans l'hypothèse où l'innocence de la reine aurait été quelque peu endommagée, se taire était encore le parti le plus sage. Le bruit, en cette occasion, n'est bon à rien : un grand philosophe l'a dit il y a long-tems. C'est La Fontaine, et il faut le croire. Allez donc vous plaindre devant les tribunaux. La cour sera sans doute fort touchée de votre cas; mais son arrêt remettra-t-il les choses dans l'état où elles étaient auparavant? Je ne serais pas même surpris que les plus jeunes conseillers, en opinant, eussent envie de rire. Quant au public, on ne connaît que trop sa malignité ; et aujourd'hui, plus que jamais, les rois ont tant de raisons pour ne pas le mettre dans la confidence de leurs chagrins domestiques! Leur légitimité a tant d'autres échecs à prévenir!

« Existe-t-il d'ailleurs, demande très-judi-
» cieusement M. Desquiron, existe-t-il en An-
» gleterre une loi qui punisse l'adultère commis
» avec un *étranger?* » La législation est muette à cet égard. Serait-ce, comme quelques-uns le pensent, un oubli du législateur? Ne serait-ce pas plutôt un privilége qu'il aurait voulu accorder aux étrangers, que les lois anglaises ont, sous d'autres rapports, traités peu favorablement, privilége dont l'*alien bill* peut toujours corriger l'abus? Nous l'ignorons ; mais, soit oubli, soit politesse, quand la loi n'a point parlé, les juges sont obligés de croire qu'elle a eu de bonnes raisons pour se taire ; et ainsi ce procès fameux me paraît, comme à M. Desquiron, avoir été fort légèrement engagé : on ne pouvait que mettre les augustes parties hors de cause, dépens compensés.

Après la défense de la reine, nous lisons dans

ses *Tablettes* une notice sur M. le baron Pergami, d'autant plus curieuse qu'elle est écrite
par M. le baron *lui-même*, et qu'elle doit enfin
fixer nos idées sur beaucoup de points historiques d'une haute importance, que la mauvaise
foi ou l'ignorance avait étrangement dénaturés.

Toutefois, les biographes ne nous ont pas
trompés en nous donnant M. Pergami pour un
enfant de bonne maison. Il convient de ce fait ;
mais « ma maison, dit-il, jadis illustre, était
» tombée, par le malheur des tems, dans l'obs-
» curité, et même dans l'oubli. » Ce fut donc
pour la relever qu'il embrassa la noble profession des armes. D'abord soldat, on le voit s'élever, par son courage, au grade de maréchal-
des-logis-chef ; mais on n'en est bientôt que plus
surpris de le trouver au service du général Pino,
en qualité de courrier. Quelle chute! M. Pergami nous apprend, il est vrai, qu'il était plutôt
l'*ami* du général que son courrier. On croira
toujours que de pareilles fonctions convenaient
peu à un gentilhomme d'aussi bon lieu, et ne
convenaient pas davantage à un ancien officier
d'état-major. Au reste, c'est surtout M. le gé-

néral Pino que je blâme ici. Comment a-t-il pu souffrir que son ami devînt son courrier?

Quoi qu'il en soit, M. Pergami passa bientôt au service de la princesse de Galles, et en la même qualité. Sa correspondance, qui forme la plus grande partie des *Tablettes de la reine*, date de cette époque, et elle renferme beaucoup d'anecdotes plus ou moins intéressantes, dont quelques-unes n'étaient pas encore connues. On voit d'abord avec plaisir que M. Pergami, malgré les humbles fonctions qu'il remplissait alors, avait néanmoins des relations fort honorables. Presque toutes ses lettres sont adressées à des personnages de haute distinction; et, parmi ses correspondans, je ne vois guère que M. l'avocat Codazzi de Milan qui ne soit point titré, et n'ait pas de père gentilhomme.

Un jour, c'est à la comtesse A*** que Pergami écrit; un autre jour, c'est à la marquise B***; et le ton léger qu'il prend avec ces dames prouve qu'elles ne voyaient pas en lui un courrier vulgaire, et qu'elles avaient apprécié ses excellentes qualités. On en jugera par le passage qui suit : « Mille baise-mains, aimable et cruelle

» comtesse. En galant chevalier, je finis par
» où j'aurais dû commencer. J'ai été malade à
» la mort par l'effet d'un *événement affreux*. Je
» vous conterai cela un autre jour; mais n'allez
» pas vous alarmer, je suis hors de danger.
» Mon cœur seul, aujourd'hui, est malade, et
» votre rigueur en est la cause. » Comment une
comtesse peut-elle être cruelle, quand elle a
affaire à un courrier si galant et si tendre?

C'est à Naples que M. Pergami eut le bonheur de rendre à la princesse de Galles un service signalé, qui ne pouvait rester sans récompense. Une main criminelle avait mêlé le poison
le plus subtil au vin qui devait être servi à son
altesse royale. Pergami but, par hasard, cette
fatale liqueur, et sauva peut-être ainsi les jours
de sa maîtresse. Voilà l'événement affreux dont
il parle dans sa lettre à la cruelle comtesse. On
voudrait nous faire croire que ce vin empoisonné
provenait du crû de M. le baron Ompteda, ministre du roi de Hanovre. Mais où sont les
preuves de cette atroce accusation? Et fallait-il
recourir à de pareils moyens pour prouver une
innocence qui, si je puis m'exprimer ainsi, se
prouve toute seule?

Pergami, dont la vie avait été en péril, fut
élevé au rang d'écuyer, et reçut en même tems
le titre de baron. La princesse ne borna pas là
les marques de sa reconnaissance ; elle voulut
avoir auprès d'elle toute la famille de M. Pergami, la comtesse Oldi, sa sœur, et la petite
Victorine, sa fille, que son altesse eut la bonté
de faire coucher avec elle, fatale circonstance
qui a donné lieu à un quiproquo bien fâcheux.
C'était Victorine ; et il a paru plus naturel de
croire et de dire que c'était M. Pergami qui
avait reçu de la princesse cette marque d'attention. On a voulu prendre la fille pour le père.
Heureusement pour la reine, le ciel, qui pro-
tége l'innocence, a déjoué les complots des mé-
chans, et forcé les mauvaises langues à se taire.

Il est bon de remarquer que M. Pergami devait, d'une manière ou d'une autre, fairè une
fortune brillante. Murat, dit Joachim Ier, lui
offrit, à cette époque, un régiment de lanciers,
et lui offrit en outre un avancement rapide. A
quoi tiennent nos destinées ? Si M. Pergami n'eût
pas refusé cette offre séduisante, il serait aujourd'hui, on n'en peut pas douter, un des généraux de la grande armée napolitaine, et on

s'en apercevrait ; car vous pouvez croire que les dernières affaires auraient mieux tourné s'il avait été là. Votre Pépé est un pauvre homme, meilleur à la tribune qu'en face des Autrichiens. Il est vrai que les Samnites qu'il commandait ont mis bien de l'empressement à se retirer.

La princesse de Galles ayant formé la résolution de voyager, plusieurs personnes de sa suite l'abandonnèrent ; mais son fidèle écuyer, devenu son chambellan, ne voulut pas s'en séparer. « Je me dévoue entièrement à son ser- » vice, écrivait-il alors. Entre elle et moi, c'est » à la vie et à la mort. » Ils parcoururent ensemble les champs déserts où s'élevait la ville qui *produisit* Annibal. De là, ils passèrent en Grèce ; et leur premier soin fut d'y chercher, un Homère à la main, *les lieux où fut Troie.* L'imagination venant à leur aide, après avoir déjeuné sur les bords du Scamandre, ils font le tour de ces superbes remparts, si vaillamment défendus par Hector, saluent le temple de Pallas, et s'arrêtent avec attendrissement près de la porte de Scée. L'émotion qu'ils éprouvent alors rappelle aux lecteurs un des morceaux les plus touchans de l'*Iliade*.

Pendant que M. Pergami, tout plein de l'antiquité, en interrogeait les ruines, il reçut le prix de ses nobles et laborieuses recherches. Une médaille dont il fit l'acquisition lui révéla enfin le secret de son illustre origine. Cette médaille, que les amateurs peuvent voir dans son cabinet, représente une ville grecque du nom de *Pergamo;* au revers sont les armes de la famille de M. le baron Pergami, avec tous leurs attributs et tous leurs accessoires. Même nom, mêmes armes; cela décide la question : M. Pergami l'a d'ailleurs soumise à plusieurs académies, et toutes ont répondu qu'elles savaient depuis long-tems qu'il avait existé une ville grecque du nom de *Pergamo;* qu'elles savaient encore, et tout aussi pertinemment, que cette ville avait été fondée, suivant l'usage des tems anciens, par un prince du même nom; d'où il fallait conclure que M. le baron Pergami, dont les armes sont les mêmes que celles qu'offre le revers de la médaille, descendait directement du prince fondateur de Pergamo. Que les envieux s'écrient donc encore avec une feinte indignation : Un courrier! justè ciel! un courrier!

Et cependant M. Pergami ne veut pas se rendre à l'évidence. « Je doute, dit-il, et j'examine. » On dirait qu'il est honteux de sa royale extraction. C'est, en vérité, trop de modestie ; et, puisque la question est décidée, il faut que M. Pergami en accepte les conséquences, sauf à faire valoir plus tard ses droits sur *Pergamo* et ses dépendances : car il a aussi, lui, sa légitimité ; à moins toutefois que la médaille ne soit fausse. C'est à Athènes qu'il l'a achetée. Or, à Athènes comme à Rome, on trouve d'habiles artistes qui font de si belles médailles *anciennes*, que notre académie des inscriptions elle-même y est souvent trompée. Ces coquins auraient-ils abusé de la bonne foi de M. le baron ? Ils en sont bien capables ; et alors ce serait le véritable revers de sa médaille.

Nos voyageurs s'embarquèrent pour la Palestine, et firent au Saint-Sépulcre une visite qui dut le flatter. Une princesse allemande de l'illustre maison de Brunswick ! le descendant d'un prince grec, le fondateur de Pergame ! le Saint-Sépulcre n'est pas souvent visité par des personnages de cette importance. Mais, importance à part, on ne trouvera rien de très-

neuf dans leur relation, ou dans leurs tablettes ;
et je soupçonne que c'est la faute de la princesse allemande, qui ne pouvait jamais rester
long-tems au même endroit, et dont le naturel
pétulant nuisait beaucoup aux observations du
prince grec. Mais que peut-on nous dire de nouveau sur la Cité sainte, depuis qu'elle a été
transportée à la Chaussée-d'Antin? Ce n'est,
si l'on veut, qu'une copie ; mais une copie de ce
mérite vaut l'original ; et, grâce au talent de
M. Prévost, nous connaissons Jérusalem aussi
bien et peut-être mieux que ceux qui en reviennent. Quant aux souvenirs attachés aux lieux,
et qui en sont inséparables, j'avoue qu'on ne
peut pas nous les donner pour un petit écu.

Chemin faisant, M. Pergami avait reçu la
croix de Malte, et fut nommé, pendant son séjour à Jérusalem, chevalier du Saint-Sépulcre,
et, de plus, grand-maître de l'ordre de Sainte-
Caroline, que son altesse royale, je ne sais en
vertu de quel droit, jugea à propos de fonder,
et dont la devise, comme celle de l'ordre de la
Jarretière, porte ces mots : *Honni soit qui mal
y pense*, afin que nos neveux apprennent qu'en-

tre la fondatrice et le grand-maître les choses se sont passées en tout bien et tout honneur. M. Pergami leur en donne sa parole, et il doit le savoir mieux que personne. « La reine, dit-il,
» en terminant ces tablettes, qu'il paraît avoir
» été chargé d'écrire, a été cruellement affligée ;
» mais son cœur n'est point entièrement fermé
» pour son royal époux, qui peut encore couler
» des jours heureux avec une épouse vertueuse
» et sensible, s'il consent à réparer des torts
» qui, peut-être, sont involontaires. » Et M. Pergami, avant tout, demande que le nom de la reine soit rétabli dans la liturgie.

C'est au roi, comme chef de l'Eglise anglicane, à en décider. Ses sujets prieront en conséquence. Quant à moi, qui ne suis pas de sa paroisse, et qui prie assez volontiers pour tout le monde, voire pour les libéraux, je veux, en finissant, et malgré tout bill contraire, prier pour la reine et pour M. Pergami. Dieu leur soit donc en aide !

— N° XLVI. —

LES DEUX FAUX DAUPHINS.

(Septembre 1818.)

—

LES imposteurs sont communs chez tous les peuples et dans tous les tems ; mais il en est peu d'assez téméraires pour oser, à l'aide d'un faux nom et d'une fable plus ou moins grossière, prétendre au rang suprême. Les plus hardis reculent devant une entreprise toujours fatale aux héros qui la tentent. S'il est beau de régner, il est triste d'être pendu ; et pourtant, voilà comme la plupart des faux princes finissent ordinairement. Il n'en faut pas davantage pour dégoûter du métier. Je conviens que nos deux dauphins, car le ciel n'a point voulu que cette folie manquât à l'histoire de notre révolution, n'ont pas été traités avec autant de sévérité que leurs de-

vanciers; mais vous remarquerez qu'attendant
tout de leur bon droit; et rien de leur épée, ils
ne jugèrent pas même à propos de brûler une
amorce au profit de leur légitimité. Or, on a
senti que quelques mois de prison suffisaient pour
réprimer des princes d'une humeur si pacifique.
Ainsi le voulait d'ailleurs la modération de nos
lois, dût une douzaine de dauphins nouveaux paraître encore sur la scène.

Mais où ces dauphins-là vont-ils se nicher? Le
premier, et sans contredit le plus propre des deux
que nous avons connus, se nommait Hervagault,
fils d'un tailleur de Saint-Lô. Son projet annonce
une imagination assez déréglée; mais il ne faut
pas oublier qu'à l'époque où il le conçut, la folie
elle-même avait un côté raisonnable : la société
était en quelque sorte au pillage; toutes les grandeurs avaient été abaissées, et chaque jour éclai-
rait de bien étranges élévations : rarement le
mérite et les talens en décidaient. Il suffisait, le
plus souvent, pour arriver à tout, de tout oser.
Jamais la fortune n'avait porté un bandeau plus
épais; et quand on considérait quelques-uns de
ses favoris, il n'y avait plus d'humilité possible :
on devenait ambitieux malgré soi. J'observe que

notre héros eut un autre motif pour dédaigner le modeste établi de son père : personne n'était plus sensible que lui aux charmes du *far niente ;* le travail des mains lui inspirait un noble dégoût, que les remontrances et les *taloches* paternelles n'avaient jamais pu vaincre. Ainsi, trop paresseux pour être tailleur, il essaya de devenir roi : le métier lui parut plus agréable, parce qu'il n'en connaissait pas toutes les épines.

« Une tête blonde, dit M. de Beauchamp, » des traits animés, un sourire ingénu, de la » vivacité, un corps svelte, un son de voix per- » suasif, beaucoup de pénétration, tel était le » jeune Hervagault. » Au moins, ce dauphin n'avait rien de commun avec son grossier successeur, et on pouvait, sans rougir, le faire manger à table. Mais quel que soit le prix des avantages naturels, surtout dans une telle entreprise, on ne doit jamais s'y fier entièrement. Hervagault le sentit : il craignit de paraître d'abord sur un trop grand théâtre, et joua pendant quelque tems dans les villages avant de débuter dans les villes, où l'on rencontre toujours des juges plus difficiles. Ces premières études ne furent pas perdues pour lui ; elles lui donnèrent cet aplomb, cette aisance qui lui étaient si nécessaires pour remplir, sans se faire siffler, le rôle dont il allait se charger.

Je trouve dans la relation de ses aventures une autre preuve de sa sagesse. Peut-être qu'à sa place vous eussiez proclamé sur-le-champ votre auguste origine. Hervagault se montre mieux avisé; et, sauf à remonter un peu plus tard sur le trône de ses pères, il garde un modeste incognito, et consent à n'être que le fils d'un bon gentilhomme de sa province, qui, accusé comme tant d'autres d'avoir brûlé et pillé son château, a été obligé de s'embarquer et de passer en Angleterre. Certes, pour un fils de France, pour le dauphin surtout, c'était un acte d'humilité. Enhardi cependant par ses premiers succès, et voulant arriver par degré au rang élevé qu'il se dispose à réclamer, il se donne, quelque tems après, pour le prince héréditaire de Monaco; et cette prétention me semble encore très-modeste; car, après tout, ce n'est pas un monde que cette principauté de Monaco. On en voit la fin en long comme en large.

Notre aventurier n'eut pas de peine à faire des dupes. « Il en imposa même, observe son his-

» torien, aux personnes qui, par leur éducation
» et leurs lumières, étaient plus en état de se
» prémunir contre les piéges de l'imposture. »
D'autres, qui n'en apprécieront pas les motifs,
se moqueront de cette crédulité : pour moi, je
ne m'en sens pas le courage; et quand je vois
quel intérêt touchant on portait alors à de grandes infortunes, je ne veux pas même examiner
s'il était toujours réfléchi. Au moins prouve-t-il,
et cela me suffit, que, quoi qu'on eût fait pour
le dénaturer, le caractère français était le même,
toujours noble, toujours généreux. Une voix
plus forte que celle des oppresseurs, la voix de
la pitié, se faisait entendre au fond des cœurs, et
y protestait contre ce qu'il y a de plus hideux
sur la terre, le triomphe de l'injustice et de la
force réunies.

Le jeune Hervagault profita de ces heureuses
dispositions; et, grâce à une bienfaisance qui
croit facilement au malheur, qui agit d'abord
et ne réfléchit que plus tard, il reçut partout
le meilleur accueil et des secours si abondans
qu'il eut bientôt un superflu fort honnête, lui
qui naguère n'avait pas même le strict nécessaire. Un philosophe, le sage bachelier de Sa-

lamanque, dit quelque part, et nous avons eu bien souvent, nous avons même encore maintes occasions de vérifier la justesse de cette obser-vation : « Qu'il est rare qu'un gueux qui s'en-» richit ne se laisse pas étourdir par la posses-» sion de ses richesses. » Hervagault évita cet écueil : gueux ou riche, apprenti tailleur ou dauphin, à Bicêtre comme à sa cour, il fut tou-jours bon enfant; c'est une justice que se plai-sent à lui rendre tous ceux qui l'ont étudié dans l'une et l'autre fortune. Un léger accident ajourna, mais seulement pour quelque tems, ses glorieu-ses destinées : il commit l'étourderie de passer par Cherbourg et d'y vouloir donner une repré-sentation à son bénéfice. On l'arrêta; et il ne sortit de prison que sur la demande formelle de son père, qui promit de surveiller et même de châtier convenablement son altesse vagabonde.

Peine inutile! soins superflus! il a pris goût aux voyages; il voyagera : il est sûr de réussir. Le passé lui répond de l'avenir, lui promet un sucès encore plus brillant que celui qu'il a déjà obtenu. Ces honnêtes gens l'ont si bien traité lorsqu'il n'était qu'un petit prince sans conséquence! que ne doit-il pas en attendre lorsqu'ils verront en lui un personnage d'une toute autre importance, l'héritier de leurs maîtres, le fils du plus saint des monarques? Plein de cette idée, M. le dauphin descend avec précipitation de l'établi paternel, où il avait été obligé de remonter, et part pour ne plus revenir.

Je n'ai pas le tems de le suivre dans toutes ses pérégrinations. M. de Beauchamp apprendra aux curieux combien de fois ce prétendu Louis XVII, trahi par l'indiscrétion de ses sujets, fut, comme on dit, pris la main dans le sac, et, malgré sa très-haute qualité, puni comme escroc ; déplorable abaissement des grandeurs humaines! Mais la police correctionnelle a beau faire, il n'y a, je veux qu'elle le sache, que les faibles caractères qu'elle doive espérer de changer ; elle ne peut rien sur les ames fortes qui sont toujours à l'épreuve de ses coups. Hervagault se chargea de le lui prouver. Le pauvre dauphin, d'ailleurs, était bien obligé de récidiver : il n'y avait plus pour lui d'autre moyen de vivre un peu à son aise, en sortant de prison, que de reprendre le rôle qui l'y avait conduit. Sa royauté imaginaire était son pain, et, après tout, si elle avait quelques désagrémens, elle lui offrait souvent de très-honnêtes compensations. Si les dauphins alors ne prenaient que très-difficilement à Cherbourg et à Vire, on ne pouvait pas s'en passer à Châlons et à Vitry.

Voyez le nôtre tenant sa cour dans cette dernière ville ; c'est à qui lui sera présenté, et, comme les officiers de sa bouche ne sont pas encore arrivés, on brigue l'insigne faveur de le posséder et de lui donner à dîner. On le traite en prince ; tous les honneurs que son rang exige lui sont rendus : on n'eût pas mieux fait à Versailles ; pas si bien peut-être. Enfin, ce qui l'emporte sur tout le reste, des quêtes réitérées produisent des sommes considérables : la liste civile augmente d'heure en heure, et les poètes croient qu'il est tems d'entrer en verve.

Mais comment l'illustre rejeton a-t-il pu sortir du Temple ? de quels moyens la Providence s'est-elle servi pour le soustraire à tant et de si grands dangers ? C'est une histoire fort intéressante et assez bien tissue qu'il raconte à ses principaux favoris. Ses touchantes infortunes, ses voyages, ses amours mêmes ; car peu s'en est fallu, dit-il, qu'il n'épousât une princesse de

Portugal : il n'oublie rien, s'anime, s'attendrit à propos, et n'a aucune peine à convaincre de sa véracité le cercle qui l'écoute. « C'est bien » lui ; » les femmes surtout en mettraient la main au feu. Un si joli garçon ne saurait mentir. « C'est lui ; » on le croit, et même on ne demande pas mieux que de le croire. Il existe chez nous un moyen infaillible d'accréditer une opinion : c'est de la placer dans l'opposition. Le royalisme s'y trouvait alors.

L'aventurier connaissait son monde, savait sur quel terrain il marchait. On ne nous dit pas qui l'avait si bien endoctriné ; mais il parlait souvent de constitution et de gouvernement représentatif ; annonçant, à qui voulait l'entendre, qu'il serait bon prince, et qu'il y aurait du plaisir à vivre sous sa domination ; promettant enfin de mettre un frein à son autorité, et de ne régner que par les lois. Je crois, en effet, qu'il ne se serait pas montré difficile sur l'article des concessions. Il fallait donc le laisser faire ; mais la Providence et la gendarmerie ne le voulurent pas.

Ce prétendant arrivait trop tard. La place

qu'il revendiquait, un autre l'occupait. Sans doute que les papiers de cet autre n'étaient pas beaucoup plus en règle que ceux d'Hervagault. Mais il avait pour lui la possession d'état, et une je ne sais quelle légitimité de quelques cent mille baïonnettes ; argument qui ne laisse pas d'embarrasser ceux qui n'ont à ne lui opposer que les principes tout seuls, un droit inoffensif, une justice désarmée. Hervagault va l'apprendre. On disperse son innocente cour, on s'empare de sa personne, on n'oublie pas sa caisse. Condamné en première instance à quatre années de détention, il appelle au tribunal supérieur de Reims, mais sans succès. Le jugement est confirmé, malgré l'opposition des assistans qui ne prennent pas même la peine de cacher leur mauvaise humeur, tant on est persuadé que « c'est lui. »

Ils sont rares les amis des rois détrônés. Celui-ci, cependant, exemple peut-être unique dans l'histoire, conserva tous les siens. Il ne reçut ni moins de secours, ni moins d'hommages à Reims qu'à Vitry. Le nombre de ses partisans grossissait de jour en jour, et comme cela arrive ordinairement, les nouveaux avaient encore plus de ferveur que les anciens. Le plus ardent de tous, et, sans contredit, le plus important, était M. de Lafont-Savine, évêque de Viviers, prélat enthousiaste, que son imagination n'égarait pas alors pour la première fois.

Sa présence fortifiait les croyans; et l'incrédulité elle-même en était ébranlée. Ce nouveau Joad veillait jour et nuit sur son auguste élève, et cherchait à le défendre des embûches de ses ennemis. Pour plus de sûreté, il l'aurait oint de l'huile sainte dans la prison de Reims, si le geôlier, qui craignait de payer les frais du sacre, ne l'avait prié de remettre la partie à des tems plus favorables. L'intérêt de ce drame allait donc toujours en croissant; mais tout à coup la police fit baisser la toile; et, séparant les deux acteurs principaux, mit Joad à Charenton, et Hervagault à Bicêtre, où il termina ses jours. On prétendit qu'il avait été empoisonné. Rien ne le prouve. Quoi qu'il en soit, il mourut sans vouloir abdiquer, et protestant même en présence du curé d'Arcueil, qui l'assistait dans ses derniers momens, qu'il était le dauphin, le véritable dauphin. Il ne l'était pas assurément ; mais il le jouait assez bien ; ce qui lui fait d'autant plus d'honneur, qu'étant venu le premier, il avait été obligé de créer le rôle.

Son successeur n'est qu'un misérable bien peu digne de l'éclat ridicule qu'on a donné à son procès, et du soin qu'une plume élégante et facile a pris d'écrire son histoire. M. de Beauchamp observe que « sourire de pitié n'est pas » une chose si étrangère à l'histoire de notre » siècle. » A la bonne heure ; mais les prétendans de l'espèce de Mathurin Bruneau doivent chercher leurs historiens à la Foire ou sur le Pont-Neuf. En conséquence, si quelques dauphins nouveaux venaient à rôder dans nos environs, nous invitons sérieusement M. de Beauchamp à ne plus suspendre, en leur faveur, les graves travaux auxquels nous savons qu'il consacre ses veilles. Il nous a promis une histoire de la guerre d'Espagne. Qu'avant tout il nous tienne parole. Les dauphins attendront.

— N° XLVII. —

NOUVEAU GUIDE DE LA POLITESSE.

(Octobre 1821.)

—

Il reste beaucoup de choses à dire contre le gouvernement représentatif ; et même le plus grave reproche qu'il mérite ne lui a pas encore été fait. Savez-vous bien que si ce gouvernement, aujourd'hui tant à la mode, est favorable à la liberté, il l'est un peu moins à la politesse ? et nous commençons à nous en apercevoir. Il règne moins d'aménité dans les relations entre égaux ; puis on s'émancipe avec ses supérieurs. Le rang impose fort peu ; on le traitera bientôt comme le mérite, auquel il est convenu depuis long-tems qu'on ne doit rien.

Voici un grief inexcusable. Les femmes même se plaignent, et avec trop de raison, d'avoir plus perdu que gagné à ces changemens politiques. Demandez-le surtout à celles qui ont vécu sous un pouvoir, non point absolu, comme ces libéraux le prétendent, mais moins mitigé ; toutes vous diront, car elles s'en souviennent, qu'elles étaient alors l'objet de soins plus assidus et d'attentions plus délicates ; ce qui, vous le sentez, ne leur donne pas une très-bonne idée de vos modernes institutions ; et, prenez-y garde, la conséquence est plus grave que vous ne pensez. Si vous voulez que ces institutions durent, sachez intéresser le sexe le plus redoutable pour elles à leur conservation. Prouvez-lui qu'en devenant plus libres vous n'êtes pas devenus moins polis, et qu'il vous trouvera toujours prêts à lui rendre ce qu'il a droit d'exiger de vous. Le salut de la charte est peut-être là ; car une constitution est fort en danger quand les femmes ont juré sa perte.

Quelle honte, d'ailleurs, pour nous si, après avoir donné des leçons de politesse à l'Europe entière, nous étions un jour obligés d'en recevoir à notre tour, et d'aller à l'école... chez nos écoliers!!! N'y aurait-il pas de quoi faire maudire à jamais le gouvernement représentatif? Mais rassurons-nous : M. Emeric, en publiant son aimable ouvrage, vient de sauver la politesse. Si jamais elle pouvait se perdre en France, on la retrouverait bientôt dans ce *Nouveau Guide*, précieux conservateur de toutes les saines doctrines du savoir-vivre. A combien de peuples célèbres dans l'histoire un pareil livre n'aurait-il pas été utile? On demande pourquoi ces Romains furent, pendant plusieurs siècles, d'une rusticité que toutes leurs vertus, tous leurs exploits n'ont pu encore faire oublier ; c'est qu'ils n'avaient pas de guide de la politesse, correctif nécessaire des constitutions libres. Vous n'auriez pas trouvé parmi ces sénateurs, si fiers de leur liberté, un seul homme qui eût le ton de la bonne compagnie.

La politesse est un art précieux : M. Emeric a raison de le croire ; mais cet art est si difficile, il exige tant de soins et d'application, que, s'il offrait moins d'avantages et moins d'agrémens, on renoncerait peut-être à l'acquérir. M. Emeric n'a pu tout dire ; mais que les bons esprits tirent de ses préceptes toutes les conséquences qui en dérivent naturellement, et je ne doute pas qu'ils ne soient effrayés comme moi de tout ce qu'il faut savoir pour être poli.

Le salut lui seul, le salut, tel que nous le

concevons, n'exige guère moins qu'une année d'étude, quand on veut ne blesser, en saluant, aucune convenance. Gardez-vous bien de croire, avec le vulgaire des hommes polis, que, pour saluer, il suffise d'ôter son chapeau; si vous ne savez que cela, vous êtes encore à cent lieues de la véritable politesse. Que de nuances délicates à saisir dans le coup de chapeau! autant de conditions, autant de saluts différens; car la bonne politesse mesure toujours ses égards sur le rang et l'importance des personnes auxquelles elle s'adresse; ce qui explique pourquoi, ainsi que M. Emeric l'observe, « elle fait les » républiques, » et même les gouvernemens qui s'en rapprochent trop. Voyez l'Espagne et le Portugal, où la liberté a beaucoup nui, depuis quelque tems, à la politesse.

C'est, disons-le donc, être très-impoli que de l'être également avec tout le monde; mais combien de gens l'ignorent et saluent un personnage de haute considération, un commis de la trésorerie, par exemple, aussi légèrement qu'un membre de l'institut ou du bureau des longitudes! Ces gens-là, il faut le leur apprendre, manquent aux bienséances; car, si nous

sommes égaux devant la loi , nous ne le sommes
pas devant la politesse, qui veut que le chapeau
rende , avec discernement , à chacun ce qui est
dû ; rien de plus, rien de moins. Et voilà ce que
vos maîtres de danse ne vous disent pas , si vous
en exceptez cinq ou six qui ont le bon esprit de
ne pas séparer la danse de la politique.

Le Guide de la Politesse renferme vingt-cinq
chapitres, et tous sont du plus haut intérêt ; tous
font très-bien sentir l'importance et la difficulté
de l'art. J'en remarque un où l'auteur traite des
honneurs de la table , et qui est vraiment déses-
pérant. Que de qualités seraient nécessaires à
ceux qui donnent à dîner! plus que pour être
conseiller d'état. M. Emeric veut que son amphytrion ait de l'esprit et des connaissances ,
« qu'il sache égayer la conversation par le petit
» conte, le bon mot, la saillie , l'épigramme ,
» et même par la chansonnette , après le café. »
Qu'il en trouve donc de si aimables.

Je serai , moi , moins exigeant que notre
Guide de la Politesse. Ayez, comme vous le
recommande l'*Almanach des Gourmands* , ayez
des mets choisis et d'excellent vin , je suis content. Sachez seulement vous occuper de vos

convives ; devinez leur goût, et, dans les égards
que vous leur témoignez, tenez toujours compte
de la différence des positions sociales, car ce
point est essentiel ; mais vous avez sous les yeux
un beau modèle, et il suffira de vous y confor-
mer : c'est M. le comte de ***. Personne ne sait
comme lui varier à table les formes de la politesse. Il dit au pair de France : « Aurai-je
» l'honneur d'offrir à Votre Excellence ? » Au
député : « Permettez que je vous offre. » Au
préfet : « Vous offrirai-je? » Au secrétaire-gé-
néral : « En voulez-vous? » Et il fait au poète
un signe très-léger, ou il l'oublie, ce qui n'est
cependant permis que trois fois sur quatre.

Sa table, au reste, est parfaitement servie.
Mais de l'esprit, il n'en a pas beaucoup plus que
la dinde aux truffes qu'il vous offre ; et lui en
faut-il davantage? Egayer la conversation par
de bons mots, des saillies, de petits contes, etc. ;
tout cela est l'affaire du poète ; M. le comte l'invite pour amuser la compagnie ; qu'il fasse sa
charge.

Où en serions-nous, grand Dieu, s'il n'y
avait que les hommes d'esprit qui donnassent à
dîner? Beaucoup d'honnêtes gens courraient le

risque de dîner solitairement, plus d'une fois par semaine. Et cependant il importe fort de donner à dîner dans les gouvernemens représentatifs ; il faut bien faire quelques politesses à ces députés qui vous arrivent. M. Emeric n'exige-t-il pas encore de son amphytrion la *politesse du cœur ?* Comme si elle n'était pas sur la table, et qu'il fallût la chercher ailleurs ! Comme si un bon dîner ne prouvait pas toujours un très-bon cœur !

Quant aux préceptes que donne l'auteur sur la manière de se conduire à table, j'en suis pleinement satisfait : il en est un cependant que j'aurais grande envie de trouver un peu sévère. « Ne portez jamais, dit M. Emeric, *vos* doigts » à *votre* bouche, parce que cela n'est pas dé- » cent ; évitez la pointe du couteau, l'épingle » et même le cure-dents. » Je demande grâce pour le cure-dents, au moins dans certains cas. Qu'on l'interdise dans une monarchie absolue, je le conçois, car elle est susceptible sur les plus petites choses ; mais la politesse change avec la politique ; tous les publicistes l'ont reconnu. Je pense donc que, dans une monarchie tempérée comme la nôtre, et surtout sous un régime cons-

titutionnel, on peut, sans de trop grands inconvéniens, tolérer non la pointe du couteau,
qui d'ailleurs sent la république, mais le curedents ; c'est une des libertés dont on jouit depuis
quelque tems ; et celle-là, je ne sens pas la nécessité de la suspendre.

Si l'on ne voyait, dans ce *Guide de la Politesse*,
que ce que son titre annonce, on n'en aurait
qu'une idée très-imparfaite ; car M. Emeric
tient plus qu'il ne promet ; et au lieu d'un traité
il vous en donne trois ou quatre, grâce à l'heureuse et très-honnête idée qu'il a eue de considérer la politesse dans ses rapports avec la morale et la philosophie, et d'enseigner ainsi à la
fois.la vertu et le savoir-vivre. Son chapitre des
visites vous en offre un exemple bien frappant.
Si un autre.traitait ce sujet, il se contenterait
de vous rappeler ce que l'usage du monde prescrit sur les visites ; mais M. Emeric, lui, ne
veut pas quitter son lecteur sans lui donner cette
belle leçon de morale, qui ne vaut guère moins
qu'une leçon de politesse. « Faites souvent des
» visites à votre cœur, descendez dans votre
» conscience. » Un précepteur de politesse,
comme il y en a tant aujourd'hui, n'y aurait
pas songé. Qu'en dites-vous ?

On ne sera donc pas étonné de trouver dans l'ouvrage de M. Emeric des pages très-éloquentes contre les désordres de la société, contre vos *maisons de jeu* et contre le *duel*, qui sont, en effet, très-contraires à la politesse. Mais n'allez pas croire qu'il perde de vue son objet principal ; il y revient toujours, et même au moment où l'on s'y attend le moins. « Pour varier mes » tableaux, j'ai eu soin, dit-il, après une pein-» ture forte, de semer quelques préceptes de » cette politesse aimable qui fait le charme de » la société. » Voulez-vous des exemples ?

Après une philippique contre les charlatans, vient, sans aucune transition, ce précepte de la politesse la plus aimable. « N'oubliez jamais » de donner la main à une dame qui monte en » voiture. » C'est savoir varier ses tableaux. Ailleurs, après une tirade, pleine d'indignation, contre les avares, terminée par ces mots : « Insensés, oubliez-vous donc qu'il faut mou-» rir ? » M. Emeric se souvient qu'il a un mot à dire aux demoiselles, et, sur-le-champ, il leur fait cette réprimande, dont au moins l'à-propos pourra les surprendre. « Savez-vous » bien, petites minaudières, petites moqueuses, » que vous commettez une grande impolitesse

» lorsque vous éclatez d'un rire immodéré de-
» vant un gros ou un petit nez...? Ah! mesde-
» moiselles, cela n'est pas bien. » Au reste,
et je dois le dire à son éloge, les femmes, en
général, n'ont pas à se plaindre de notre précepteur de politesse ; il est leur très-sincère
admirateur. Il sollicite même très-galamment
pour son ouvrage « le sourire protecteur de
» toutes les belles ; » et, afin de l'obtenir, il
déclare que si les habitans de cette capitale sont
complaisans et *aimables*, dans les deux sexes,
ils le sont surtout dans le *féminin*. Voilà de quoi
le réconcilier avec les petites minaudières et les
petites moqueuses.

L'auteur paraît surpris que les journalistes,
en rendant compte de son ouvrage, n'aient pas
dit un mot du chapitre sur les *fumeurs en public*.
Ils ont eu tort. Ce chapitre est curieux, mais il
ne fera pas rire M. le directeur des droit réunis,
qui trouve qu'on ne fume pas encore assez en
France. M. Emeric est d'un avis bien différent;
il croit le tabac non moins nuisible à la santé
qu'à la politesse. Il s'élève avec force contre les
fumeurs, et briserait toutes les pipes s'il les
tenait. On ne peut même, sans le fâcher sé-

rieusement, lui offrir une prise de tabac. A la bonne heure ; mais chacun son goût ; et, n'en déplaise à la politesse, on n'en fumera pas une cigare de moins. Le chapître de M. Emeric ne sera tout au plus utile qu'à ces innocens qui, pour me servir de ses expressions, ont encore leur virginité. Tant l'habitude a d'empire !

Un empereur turc, Amurat IV, si je ne me trompe, crut un jour avoir trouvé un moyen infaillible d'abolir, dans ses états, l'usage du tabac, et rendit une ordonnance en vertu de laquelle tous les fumeurs eurent le nez coupé. Or, devinez ce qui arriva. Sa Hautesse en eut le démenti, ces entêtés fumèrent sans nez. C'était l'occasion d'abolir dans ce pays-là un genre de supplice si contraire à l'humanité, on n'en fit rien ; et nous apprenons avec douleur qu'il n'a jamais été plus usité que dans ces derniers tems ; mais gardons-nous d'en tirer de dangereuses conséquences ; ce ne sont pas quelques milliers de nez de plus ou de moins qui peuvent affaiblir un principe. On n'en doit rien conclure contre la légitimité du gouvernement qui les supprime.

Ce qui me plaît le plus dans le *Guide de la*

Politesse, c'est son utilité ; elle est vraiment universelle. L'auteur a des conseils pour tout le monde, pour la grande comme pour la petite propriété, pour la nouvelle comme pour l'ancienne noblesse, pour les enrichis comme pour les ruinés : ministres, députés, ambassadeurs, courtisans, philosophes, journalistes, ceux qui jouent la comédie, ceux qui la sifflent, etc., etc., chacun trouve dans son livre une leçon de politesse. Aucune condition ne lui a paru indigne de sa sollicitude ; il passe du salon dans l'antichambre, et il y fustige ces laquais, singes de leurs maîtres, et aussi insolens que des parvenus. Il n'est pas jusqu'aux cochers de fiacre auxquels il ne songe, et qui seront désormais moins grossiers, s'ils veulent, entre deux courses, méditer sur leur siége les bons avis que leur donne le nouveau *Guide de la Politesse*.

M. Emeric nous apprend, dans sa préface, que le public a favorablement accueilli la première édition de cet ouvrage. Cela prouve du moins qu'on sent en France le prix de la politesse ; mais le public, qui n'est pas toujours si poli, n'a fait que son devoir. Pouvait-il ne pas goûter une production aussi aimable, et dont l'auteur lui-même, malgré la petite répugnance qu'on éprouve toujours à se chatouiller par un endroit si sensible, ne peut s'empêcher de reconnaître le mérite?

« Les amateurs de politesse, de critique, de
» morale, de philosophie et de littérature, trou-
» veront, dit M. Emeric, dans ce nouveau
» guide, une galerie de peintures sur les mœurs
» du jour, tantôt gaies, tantôt sérieuses, mais
» toujours instructives et amusantes ; en un
» mot, cet ouvrage est, comme un critique l'a
» remarqué, curieux, original et plein d'esprit...
» Chacun y trouvera la leçon unie au sel de l'é-
» pigramme....... » On ne sera donc pas surpris d'apprendre que l'auteur compte sur un succès *prompt* et *mérité*.

Je n'aurais jamais, je l'avoue, osé dire tout cela à M. Emeric, j'eusse craint de blesser sa modestie ; il a donc bien fait de se rendre à lui-même toute la justice qu'il croit lui être due, et Dieu me garde d'en rien rabattre ; je suis trop jaloux de prouver à M. Emeric que j'ai profité de ses leçons, et que je sais très-bien tout ce qu'en pareille occasion exige la politesse.

MÉMOIRES

DE JOSÉPHINE BONAPARTE.

(Décembre 1820.)

—

J'AIME beaucoup que les personnages qui ont joué un rôle plus ou moins important sur la scène de ce monde, ne le quittent pas sans avoir pris la peine d'écrire eux-mêmes ce qu'ils ont fait et ce qu'ils ont vu ; de retracer tous les événemens où ils ont figuré, soit comme acteurs, soit comme témoins : on se défie trop des mémoires particuliers. L'utilité s'y joint à l'agrément. Vous ne trouvez que là certaines vérités que l'histoire, plus circonspecte, écrite avec moins d'abandon, qui enfin ne veut pas tout dire, cache beaucoup trop soigneusement.

Je voudrais donc pouvoir assurer que l'impératrice Joséphine est l'auteur des Mémoires qui paraissent aujourd'hui sous son nom. Ils seraient lus avec plus d'intérêt ; mais une personne qui doit être bien informée, le secrétaire de cette dame, vient de déclarer publiquement qu'elle n'a pu avoir aucune part à leur rédaction. Or, j'avoue qu'une pareille autorité ne laisse pas que d'être imposante et très-propre à laisser naître des doutes, même dans les esprits les plus disposés à croire. Il est, en effet, assez probable que si Mme Bonaparte avait songé à composer ses Mémoires, son secrétaire en aurait su quelque chose ; je soupçonne même qu'il eût été mis le premier dans la confidence, et qu'on n'aurait rien fait sans lui.

Ecoutons néanmoins Mlle le Normand, qui est toujours très-bonne à entendre. Elle nous apprend que Joséphine, dans ses momens de loisir, aimait à retracer les principaux événemens de sa vie, et destinait ces *précieux manuscrits* à la postérité. « Je remplirai ses vœux, ajoute Mlle le » Normand ; j'offrirai aux lecteurs quelques cha- » pitres *écrits entièrement de sa main* ; et ils vou- » dront bien, pour complément de ce grand ou-

» vrage, se contenter de quelques notes qu'elle
» a déposées entre mes mains. »

Mlle le Normand le dit, et cela me suffit, à
moi qui crois toujours les dames sur parole ;
mais tous les lecteurs ne seront pas aussi galans.
Le monde est plein de gens grossiers, d'incrédules, qui veulent que ce qu'on avance on le
prouve, bien décidés qu'ils sont à n'ajouter foi
qu'à ce qui leur est matériellement démontré.
Je regrette donc que, pour les satisfaire, Mlle le
Normand n'ait pas mis à leur disposition les *précieux manuscrits* dont elle est dépositaire. C'est
un oubli que l'on doit s'empresser de réparer ;
et alors tous les doutes s'évanouiront, l'authen-
ticité des Mémoires de Joséphine ne sera plus
mise en question, puisque Mlle le Normand
l'aura prouvée pièces sur table. Alors l'incrédulité sera confondue, et M. le secrétaire lui-
même, en voyant ces manuscrits dont il nie
l'existence, ne saura que répondre ; et bon gré
mal gré, il donnera main-levée de son opposition.

En attendant, Mlle le Normand se contente
de livrer à notre curiosité le *fac simile* d'une des
lettres qu'elle a reçues de l'impératrice Joséphine. Nous la remercions du présent ; mais cette

lettre ne répand qu'une faible lumière sur le grand problème historique dont nous cherchons la solution, puisqu'il est question de toute autre chose que des Mémoires, ainsi qu'on va le voir :

« Je suis bien inquiète, écrit Joséphine à » Mlle le Normand, j'ai besoin de vous. J'ai rêvé » l'une de ces nuits de serpens; ils m'enlaçaient » au point de m'ôter la respiration : que veut » dire ceci? Je vous recevrai jeudi soir à l'Ely- » sée; j'aurai toujours un grand plaisir à vous » prouver que je vous accorde ma confiance. » Depuis long-tems vous avez su la mériter. »

Cette lettre est sans doute fort curieuse, surtout quand on la rapproche de *l'intérieur de la main gauche* de Joséphine que Mlle le Normand a fait également graver pour l'ornement de ces Mémoires. Mais la communication des manuscrits originaux serait plus agréable ; ils prouveraient mieux la mission de Mlle le Normand. Les incrédules diront toujours : Ce n'est pas l'intérieur de sa main gauche que nous vous demandons, mais bien ces chapitres *écrits entièrement de sa main* droite : où sont-ils? montrez-les nous, et aussitôt nous nous rendons.

Qu'on ne s'étonne pas, au reste, ni de cette

lettre, ni de tout ce qui l'accompagne ; qu'on ne s'étonne pas davantage de voir Bonaparte lui-même parmi les illustres pratiques de Mme le Normand. Enée s'adressa bien à la sibylle de Cumes, qui certes en savait moins que celle de la rue de Tournon. Les grands personnages de tous les tems ont aimé à se faire dire leur bonne aventure ; et, après tout, cela ne sied bien qu'à eux. Pour nous, pauvre vulgaire, qu'allons-nous faire, je vous le demande, près du trépied sacré? Nos chétives destinées ne valent pas la peine que l'oracle s'en occupe ; et, quand nous l'interrogeons, il sait très-bien se moquer de nous. Mais revenons aux Mémoires de l'impératrice Joséphine, qui, comme l'annonce le frontispice, « se trouvent chez l'auteur, rue de Tournon, n° 5. »

Mlle le Normand nous apprend encore qu'elle a invoqué, j'avais lu d'abord *évoqué*, l'ombre de Joséphine, et lui a dit : « Ombre céleste, daigne me soutenir dans la carrière que je vais parcourir ! ombre immortelle, viens me dicter une partie de cet ouvrage...! Ma plume est prête. » Et qu'a répondu l'ombre? A-t-elle daigné se prêter aux désirs de Mlle le Normand ?

On n'en doutera pas en lisant ce qui suit : « J'entends sa voix, elle m'ordonne de saisir mes pinceaux, l'amitié les conduira. » Ainsi, l'ombre a dicté, Mlle le Normand a écrit ; voilà pour le fond de l'ouvrage. Veut-on que la broderie appartienne à Mlle le Normand ? J'y consens d'autant plus volontiers, que cette liberté me paraît fort innocente quand surtout « l'amitié conduit les pinceaux. »

On viendra difficilement à bout de nous persuader que ces Mémoires soient l'ouvrage d'une plume novice qui n'en serait encore qu'à son apprentissage. On n'écrit ainsi que grâce à l'habitude ; et les coups d'essai, ceux même d'une impératrice, de fait ou de droit, ne sont pas de cette force. Quant à Mlle le Normand, on sait de quoi elle est capable ; elle a fait ses preuves. Qui n'a pas lu ses *Souvenirs prophétiques*, ses *oracles sibyllins* ? Qui ne relit pas volontiers, aujourd'hui, ses ouvrages politiques auxquels les circonstances donnent un nouveau prix ? Je veux parler de ceux qu'elle a publiés sur les congrès de Carlsbad et d'Aix-la-Chapelle.

J'en demande bien pardon ici à M. de Pradt ; mais malgré le mérite de ses écrits, que j'aime à reconnaître, je suis obligé de dire que Mlle le Normand a mieux apprécié que lui l'influence que les réunions des souverains devaient avoir sur l'état de l'Europe. Ses vues politiques ont été plus profondes, ses pronostics beaucoup plus justes. Enfin l'archevêque a été vaincu par la sibylle. Il suffit, pour se convaincre, d'examiner ce qui se passe. Toutes les prédictions de Mlle le Normand sont justifiées par les événemens, et ces mêmes événemens donnent à celles de M. de Pradt un démenti formel, qui, malgré ses vingt voix, pourra bien le faire arriver, quelques années plus tard, à la chambre des députés.

Mlle le Normand voit maintenant pourquoi on la soupçonne d'avoir mis du sien dans les Mémoires qu'elle publie, d'avoir retouché et fort embelli ce que l'ombre de Joséphine lui a dicté. Que sa modestie s'irrite de ce soupçon, je le conçois; mais il est raisonnable, et la lecture des *Mémoires* ne peut que le fortifier. Le style de Mlle le Normand a un cachet particulier que plus d'un amateur a déjà cru reconnaître dans cet ouvrage. L'ombre n'aurait certainement pas si bien fait. Il y a, au reste, comme je l'ai déjà dit, un moyen facile de dissiper tous les doutes;

c'est de montrer aux incrédules les manuscrits de l'impératrice. Tant qu'elle n'aura pas cette complaisance, ils soutiendront que la copie n'est pas tout-à-fait conforme à la minute; et voici quelques-uns des argumens qu'ils feront valoir à l'appui de leur opinion.

Il est bien certain que ces *Mémoires* n'ont pas le ton ordinaire des ouvrages de ce genre. Joséphine les avait écrits sans doute avec plus de simplicité. On devait y trouver de l'abandon, du laissez-aller, et beaucoup de ces négligences, même de ces fautes, qu'on pardonne volontiers à une femme qui n'a pas une très-grande habitude d'écrire. Mais rien de tout cela ne s'y trouve plus aujourd'hui, grâce au talent de Mlle le Normand. Le style en est fleuri, poétique même, et parfois presque oriental. Il abonde en épithètes. Les figures, les images, enfin les ornemens de toute espèce, y sont prodigués. Je suis sûr que si l'impératrice Joséphine pouvait lire aujourd'hui *ses Mémoires*, elle aurait quelque peine à les reconnaître sous les fleurs que Mlle le Normand y a répandues, et qu'elle dirait à son éditeur : « Vous m'avez, Mademoiselle, furieusement embellie. Est-ce bien moi ? »

Autre observation : que Mlle le Normand parle en son nom , ce qui lui arrive quelquefois dans cet ouvrage, ou qu'elle laisse parler Joséphine, le style ne change pas. Il n'y a d'autre différence que celle du pronom ; l'ouvrage entier a une couleur uniforme. Quelle conséquence devons-nous en tirer?

Que faut-il conclure encore des doctes citations dont cet ouvrage est parsemé ? Joséphine avait , je le crois bien volontiers, orné son esprit de connaissances solides et très-variées. Elle avait beaucoup lu et beaucoup retenu. Soit. Mais qui l'aurait crue si érudite? Mme Dacier en baisserait les yeux. Les auteurs de tous les tems , depuis la création du monde jusqu'à nos jours, depuis Moïse jusqu'à M. Treneuil , hébreux , grecs, latins, lui sont familiers. Elle cite très-fréquemment la *Bible* et Horace, Plaute et Sénèque ; ce Sénèque qui était de Rome, et non de Paris. Il n'y a pas jusqu'aux écrivains chinois dont elle n'ait fait une étude particulière; et si elle ne les cite pas dans leur langue, c'est qu'on ne peut point décemment parler chinois à des Français.

Mais voici qui est plus fort. Elle ne connaît

pas seulement les ouvrages qui existaient de son tems ; elle connaît même ceux qui ne devaient paraître qu'après sa mort ; des tragédies qui n'ont été représentées et imprimées que depuis deux ou trois ans , *Jeanne d'Arc*, par exemple, dont elle cite plusieurs vers dans un des chapitres *écrits entièrement de sa main.* Cela n'est-il pas bien étonnant? Mais la surprise serait moindre, si Mlle le Normand voulait permettre qu'on lui fît les honneurs d'une grande partie de cette érudition.

On m'avait d'ailleurs assuré que l'impératrice Joséphine était une personne fort discrète, et qu'elle savait parler et se taire à propos. J'en aurais toutefois une idée bien différente, si je recevais, sans choix et sans critique, tout ce que je trouve dans ces Mémoires. Je veux donc douter que, malgré le mépris que lui inspiraient quelques courtisans, mépris très-mérité, elle leur ait jamais dit : « Je vous ai vus encenser » tour à tour les comités et le directoire. Vous » rampez aujourd'hui aux pieds de mon époux. » Allez, je méprise souverainement les hommes » à trois visages. » Ce sont de ces vérités que, par politesse ou par prudence, on ne dit à personne, pas même à ces hommes à trois visages qui en tiennent en réserve un quatrième qu'ils montreront dans l'occasion. Puis, a-t-on jamais reproché à des courtisans de ramper? n'est-ce pas de leur nature?

Ces Mémoires nous révèlent que Bonaparte, dans sa première campagne d'Italie, passant par Imola, « prit les bijoux et l'argenterie qu'il » trouva au palais épiscopal. » Quant à cela, je n'hésite pas à le croire, le héros a fait mieux depuis. Il ne s'en est pas tenu aux montres et aux couverts d'argent; mais est-ce bien Joséphine qui publie cette espièglerie? Quand l'empereur vole, est-ce l'impératrice qui le dénonce à la justice?

Ce n'est pas non plus elle, probablement, qui nous rappelle qu'au 18 brumaire le moderne Alexandre ou le moderne César, ainsi qu'on l'appelle indifféremment dans cet ouvrage, montra plus que de la faiblesse de cœur. Nous le savions. Les mémoires de cette époque ne nous avaient pas laissé ignorer cette particularité; mais pouvait-on s'attendre à la retrouver dans ceux de Joséphine?

Quoi qu'il en soit, les amateurs d'anecdotes,

et ils sont en grand nombre, en trouveront ici
d'assez curieuses, et ils sauront gré à Mlle le
Normand de les avoir publiées. Qui donc aura
à se plaindre de cet ouvrage ? Peut-être sa ma-
jesté le roi Murat et Mme Lætitia ; car ils n'y
sont pas fort bien traités. Mais que d'autres les
défendent, j'ai mieux à faire.

La bonté était, sans contredit, le trait le plus
remarquable du caractère de Mme Bonaparte. On
le dit souvent dans ses Mémoires, et on le dit
avec vérité. La tradition et Mlle le Normand sont
parfaitement d'accord sur ce point. Joséphine
faisait tout le bien que sa position lui permettait
de faire. Elle s'est, en mainte circonstance, op-
posée aux fureurs de Bonaparte : on le sait. On
lui tenait compte de ses efforts, même lorsqu'ils
étaient infructueux ; et jamais son nom ne fut
mêlé aux malédictions publiques. Elle eut même
des amis, privilége bien rare dans le rang où le
hasard l'avait élevée.

〜〜〜〜〜〜〜〜〜〜〜〜〜〜〜〜〜〜〜〜〜〜〜〜〜〜〜〜〜〜〜〜〜

— N° XLIX. —

〜〜〜〜〜〜〜〜〜〜〜〜〜〜〜〜〜〜〜〜〜〜〜〜〜〜〜〜〜〜〜〜〜

L'ART

DE PROMENER SES CRÉANCIERS.

(Septembre 1824.)

———

Il faut que tout le monde vive.

Cet art a sans doute ses agrémens ; quant à
son utilité, personne, je crois, ne songe à la
contester. Mais, avant de promener des créan‑
ciers, il faut en avoir, et malheureusement, par
le tems qui court, n'en a pas qui veut. Les prê‑
teurs sont si rares, et, on ne le sait que trop
bien, si peu coulans en affaires, si défians! Ils
délient si difficilement les cordons de leurs bour‑
ses! N'ont-ils pas, avant d'en venir là, l'imper‑
tinence de vous demander ce que tant d'honnêtes

emprunteurs ne peuvent jamais leur donner : des sûretés, des garanties, des... ; que vous dirai-je, moi ? Ces gens-là, quand maintenant ils prêtent leur argent, veulent avoir la certitude qu'ils ne le perdront pas.

En vain leur parlez-vous de votre honneur, de votre délicatesse... Ces grands mots, qui n'ont plus de cours sur la place, les touchent fort peu ; on ne prend pas, croyez-moi, d'hypothèque là-dessus aujourd'hui. Je connais mon siècle, et il paraît qu'il se connaît aussi très-bien lui-même, puisqu'il ne prête pas un petit écu sur la bonne foi des emprunteurs : c'est la plus mauvaise caution qu'on puisse lui offrir. Faites donc des dettes ; ayez donc des créanciers à promener. L'auteur de la brochure que j'annonce nous dit qu'il en a, lui, autant qu'il en veut. Je lui en fais mon compliment, mais il devrait bien les faire connaître à ses amis, qui, j'en suis sûr, les promèneraient aussi très-volontiers.

Cet auteur, qui ne veut pas apparemment que les bons ouvrages s'oublient, a grand soin de rappeler à ses lecteurs qu'il a publié, l'année dernière, *l'Art de faire des dettes ;* et, comme il ne se pique pas de trop de modestie, il prétend que cet art, depuis qu'il l'a enseigné, cet art, jadis hérissé de difficultés, n'est plus qu'un jeu d'enfant. Enfin, lorsque nous voyons tant de gens d'esprit qui cherchent des créanciers sans pouvoir en trouver, il vous dit, lui, effrontément qu'il faut être bien sot pour n'en pas avoir. Ne le croyez pas, c'est un présomptueux.

Son *Art de faire des dettes* a malheureusement produit des effets fort différens de ceux qu'il lui attribue ; il a rendu les dettes plus difficiles à faire, et voilà l'obligation que nous lui avons. Tout ce qu'on peut dire à l'éloge de cet opuscule, c'est qu'il ne manquait ni d'esprit ni de gaîté : aussi les prêteurs eux-mêmes ont-ils voulu le lire, et je sais qu'il les a fort amusés. Mais qu'y a-t-on gagné? ils ont ri, et ils n'ont pas été désarmés.

Il y a mieux : on les a trouvés en 1824 plus durs encore et plus impitoyables qu'en 1823. Et à qui la faute? à l'auteur indiscret de ce bel *Art de faire des dettes*, qui leur avait appris ce qu'il importait tant de leur laisser éternellement ignorer. Je ne vois plus, depuis qu'il les a si bien instruits, une seule ruse, un seul stratagème dont ils puissent être dupes, un seul piége dans lequel ils puissent tomber. Grâce à ses imprudentes révélations, ils en savent aujourd'hui autant que ceux qui veulent les tromper. L'ennemi est sur ses gardes; bien fin qui pourra le surprendre.

L'auteur nous offre un tableau bien différent, bien plus flatteur pour son amour-propre : il nous montre Paris pavé de débiteurs que son *art* a créés, et qui ne lui demandent plus comment on a des créanciers, grâce à Dieu ils en ont! mais comment on s'en débarrasse, car ils sont incommodes, comment on se dérobe à leurs poursuites, et surtout à celles de ces exécrables huissiers qu'ils mettent sans cesse à vos trousses. « Nous » avons, lui crient-ils, profité à votre première » partie; mais nous attendons notre salut de la » seconde. » C'est donc pour achever leur éducation qu'il publie cette seconde partie d'un cours destiné à tous les hommes de bon ton, qui, n'ayant pas d'argent, sont bien aises de vivre honorablement aux dépens de ceux qui en ont un peu trop, et de diminuer ainsi, autant qu'il est en leur pouvoir, une inégalité qui blesse leurs principes.

Voyons si les conseils qu'il donne à ses élèves leur seront aussi utiles qu'il se plaît à le croire. Pour moi, j'en doute fort; il leur recommande d'abord, quoique jusqu'à présent ils s'en soient fort bien passés, d'avoir de l'ordre, beaucoup, mais beaucoup d'ordre, et d'inscrire en gros caractères, sur un registre coté et paraphé, les noms de tous leurs créanciers et le montant des sommes qu'ils leur doivent. Pourquoi un débiteur n'aurait-il pas aussi son *Grand-Livre?*

Le crédit est là. Celui de la république de Colombie n'a certainement pas une base plus solide, et quand ses prêteurs voudront rentrer dans leurs fonds, elle leur montrera de fort beaux registres à parties doubles, parfaitement reliés et tenus avec un ordre admirable. « Que diable! » (c'est l'auteur qui parle) que diable voulez- » vous que dise un créancier dont les comptes » sont si bien tenus? » Ce qu'il dira? Qu'on le demande aux débiteurs, qui, hélas! ne le savent que trop bien.

« Payez-moi, ou demain au plus tard mon huissier parlera à votre personne. — Mais vous voyez, Monsieur, qu'on ne vous oublie pas; ce registre en fait foi. — J'ai bien besoin de votre registre! C'est mon argent qu'il me faut. » Le cruel ne sort pas de là : son argent! toujours son argent! Comme si l'on avait de l'argent à lui donner ; comme si , dans un siècle éclairé, on faisait des dettes pour les payer! Mais les créanciers sont toujours imbus de ce vieux préjugé des tems barbares que, lorsqu'on emprunte, il faut rendre. Le progrès des lumières n'a pu encore les en guérir.

L'auteur, qui aime beaucoup à se donner pour exemple, assure qu'il a en ce moment plusieurs créanciers qui, enchantés de l'ordre et du soin qu'il met dans la tenue de son livre de dettes, sont devenus ses meilleurs amis, et ne songent plus à lui demander ce qu'il leur doit. Vous verrez qu'ils finiront par se regarder comme ses débiteurs. Est-ce à nous qu'on devrait débiter sérieusement de pareils contes? A d'autres : on ne nous en fait pas accroire. Des créanciers de cette pâte, on n'en a vu que dans l'âge d'or, si toutefois il y a eu un âge d'or; ce qui n'est pas prouvé : ces poètes sont si menteurs!

L'art de promener ses créanciers a de grandes difficultés, que notre professeur me paraît loin d'avoir résolues. « Faites courir vos créanciers ;

» épuisez leurs forces ; mettez-les sur les dents. »
Vous n'y manquerez pas ; mais craignez qu'ils
ne courent plus vite que vous : quand il poursuit
son débiteur, un créancier a des ailes.

On nous offre pour modèle un débiteur très-
célèbre, qui a dû et doit encore des millions,
mais qui promène si bien ses créanciers, qu'il
n'y en a pas un qui puisse se vanter d'en avoir
touché un sou, quoiqu'il roule sur l'or et sur
l'argent. L'exemple est , en vérité., bien mal
choisi. L'heureux mortel dont on nous parle, ce
héros de la dette, ainsi qu'on l'appelle, a ce que
plus d'un débiteur n'aura jamais, un équipage ;
et alors voyez le beau miracle, s'il échappe facilement à ses créanciers ! Quand ils le poursui-
vent au trot, il les fuit au galop. Ce n'est plus
lui ; ce sont ses chevaux qui les promènent.

De toutes les rencontres que puisse faire un
débiteur qui ne va point en carrosse, la plus fâcheuse, sans contredit, c'est celle d'un créancier. Il lui importe donc beaucoup de l'éviter,
et de prendre toutes les précautions imaginables
pour ne pas se trouver nez à nez avec cette
sinistre figure. L'auteur l'a bien senti , et les
instructions qu'il donne à ce sujet sont fort sages.

« Toutes les issues mystérieuses, dit-il, tous les
» débouchés secrets sont pour vous des chemins
» obligés. Il y a des gens admirables pour réussir
» à traverser Paris *incognito ;* ces gens-là ont le
» coup d'œil et le pied sinueux. Vous croyez que
» ce passage qu'ils ont enfilé va les conduire à
» une grande rue? pas du tout. Il y a sur le côté
» une petite allée ; un *trou de souris,* que tout le
» monde ignore, et qui les jette dans une autre
» allée. On dirait qu'ils voyagent souterraine-
» ment. » Voilà comment on évite ses créanciers, comment on les promène.

La recette est bonne ; on l'emploie tous les
jours avec succès ; mais elle exige une longue
étude, et toute l'érudition d'un cocher de fiacre.
C'est un inconvénient ; puis on connaîtrait mal
les créanciers, si l'on croyait qu'ils entendent
long-tems la plaisanterie. Ils sont, en général,
très-peu endurans. Les plus débonnaires se las-
sent bientôt d'être promenés, et dès qu'une fois
ils se fâchent, vous avez tout à craindre de leur
mauvaise humeur.

Il existe dans ce pays-ci une institution dé-
testable, justement abhorrée de tous les débiteurs. D'où vient-elle? Je ne puis le dire. Un

débiteur bien pensant m'a assuré que c'était un resté de notre vieille féodalité, et je ne suis pas éloigné de le croire. Cette institution, puisqu'il faut la nommer, c'est le tribunal de commerce, qui, lorsqu'un galant homme fait des dettes, l'oblige inhumainement à les payer, sans considérer que l'obligation de payer ses dettes gâte beaucoup le plaisir de les faire.

Son titre à la main, votre créancier se présente devant ce tribunal, et séance tenante on lui accorde la permission de vous saisir au collet, et de vous faire conduire en prison, nonobstant clameur de haro. Les rôles alors sont bien changés : naguère vous le promeniez, c'est lui maintenant qui vous promène.

Il ne prend pas seul ce divertissement, et il est accompagné de quatre ou cinq aides-de-camp bons limiers, qui flairent un débiteur de cent pas, et, si vite qu'il coure, finissent toujours par l'atteindre. Ils connaissent aussi, eux, les *débouchés secrets*, les *petites allées*, et tous vos *trous de souris*. Une fois, deux fois peut-être, vous viendrez à bout d'échapper à leur poursuite ; mais à la troisième promenade, après mille tours et mille détours, vous serez fort étonné de vous trouver *rue de la Clef*, n° 14, à la porte de Sainte-Pélagie, qui s'ouvrira pour vous recevoir.

Sainte-Pélagie! maison redoutable aux malheureux débiteurs. Notre professeur avait le dessein de lui consacrer un chapitre de son ouvrage ; mais de ce chapitre il n'a donné que le titre. Tout le reste est en blanc, et ce blanc, que l'imagination du lecteur saura noircir, ne peut pas du moins être mis sur le compte de la censure. Elle est fort innocente. On ne doit l'imputer qu'à l'épouvante dont l'auteur, que j'aurais cru plus brave, a été saisi au moment où il allait nous parler de ce triste séjour. Sainte-Pélagie a été pour lui la tête de Méduse. En la voyant, il est resté pétrifié, et n'a pas eu la force d'écrire un chapitre où les lecteurs eussent nécessairement trouvé la réfutation la plus complète de ses doctes leçons sur l'art de promener ses créanciers.

Faites-les donc courir, mettez-les sur les dents ; nous savons maintenant où toutes ces promenades doivent aboutir ; nous connaissons le gîte où les promeneurs arriveront tôt ou tard. M. le professeur, qui voudrait leur épargner ce petit désagrément, cherche, mais inutilement, dans nos codes quelques dispositions qui leur soient favorables. Ces codes, il le sait bien, n'ont pas été rédigés dans l'intérêt de ses cliens. Le législateur a posé en principe qu'il faut payer ses dettes, et de ce principe, que vous apprécierez, il a tiré des conséquences très-funestes aux débiteurs. J'ai entendu dire que ce législateur était un créancier : cela est très-probable.

Faites-vous nommer députés, c'est le dernier conseil que M. le professeur donne à ses disciples : il est assez gai, mais je ne le crois pas facile à suivre, du moins jusqu'en 1830. Si l'on y avait regardé de près, on aurait vu là le plus solide argument à faire valoir contre la septennalité. Les libéraux n'y ont pas songé.

L'*Art de promener ses créanciers* est une ingénieuse plaisanterie, je veux bien en convenir ; mais était-il permis de plaisanter et de rire en traitant un sujet aussi grave ? Si j'étais assez bon pour croire que l'auteur eût des créanciers à promener, comme il s'en vante, je lui dirais en finissant : Rira bien qui rira le dernier.

⎯ N° L. ⎯

L'ART DU CUISINIER.

(Juin 1818.)

⎯

« O mes amis! l'excellente chose que des petits pâtés!!! » Cette exclamation a éternisé la mémoire d'un empereur romain, qui n'a dit que cela de beau dans tout son règne, et dont le nom aurait eu beaucoup de peine à se traîner jusqu'à nous, si la gastronomie ne l'avait consigné dans ses fastes ; mais avec elle rien n'est perdu ; un simple éloge des petits pâtés, s'il est sincère, s'il part du cœur, suffit pour vous donner l'immortalité. Domitien n'a pas un autre titre : *O mes amis !*

Toutefois, ne nous abusons pas, et gardons-nous de croire qu'on ait jamais mangé à Rome

d'aussi bons petits pâtés qu'à Paris ; il s'en faut
bien. Ces Romains, que j'honore, pâtissaient
assez médiocrement, et tout me prouve que
leur cuisine est louée outre mesure par des éru-
dits qui ont l'air de n'avoir pas suivi les progrès
de la nôtre. Qu'ils essaient donc de faire revi-
vre le cuisinier de Lucullus ; je gage que cet
artiste, fort habile en son tems, resterait aujourd'hui sur le pavé, et ne trouverait pas de condition. C'est nous qui avons le droit de nous écrier :
« Oh ! l'excellente chose que les petits pâtés ! »
car, dans ces dernières années surtout, ils sont
arrivés à un très-haut degré de perfection.

Or, s'ils méritent qu'on parle d'eux avec cet
enthousiasme, quelle idée doit-on se former
d'un art dont, malgré toute leur excellence, ils
ne sont qu'un des plus faibles résultats, et auquel nous avons bien d'autres obligations, d'un
art fécond en prodiges, qui n'a jamais été mieux
apprécié que depuis que M. Beauvilliers a publié
son ouvrage, production importante, monument
durable élevé à la gloire de la cuisine française,
que, je le dis à notre honte, nous sommes inex-
cusables de n'avoir point encore annoncé dans
cette feuille.

Faut-il s'étonner qu'on nous accuse de rester en arrière, et de ne pas suivre le progrès des lumières? C'est notre apparente indifférence pour les progrès de la cuisine qui autorise les philosophes de bon appétit à nous adresser ce reproche, au reste fort peu mérité, car nous aussi, nous savons manger et marcher avec notre siècle, et nous ne craignons que les indigestions et les faux pas.

Tout le monde n'est pas d'aussi bonne composition, et l'art des Beauvilliers, des Very et de leurs honorables émules, compte des détracteurs même parmi les esprits éclairés. Dernièrement encore, un écrivain très-estimable, M. Grouard, dans un article qui ne peut manquer de nuire à la *Galerie de littérature, de législation et de morale*, n'a pas craint (car on ose tout aujourd'hui) de parler avec une grande irrévérence de la gastronomie et des gastronomes. Ce docteur en droit, que ses confrères vont, j'en suis certain, s'empresser de désavouer, vous dit, comme si ces choses-là se disaient, qu'il préférera toujours aux tables les plus délicates celles dont « le bon cœur et l'é- » conomie dirigent le service. » Je lui souhaite bon appétit ; mais n'est-il pas étrange qu'au dix-neuvième siècle, à une époque où les jouissances positives sont si bien appréciées, où le ventre a sa religion, son culte, ses autels et ses pontifes, on vienne nous parler de *bon cœur* lorsqu'il s'agit de bien dîner? Le bon cœur jouit, en gastronomie, d'une aussi belle réputation que le vin du cru. Ceux qui donnent mal à dîner, voilà les mauvais cœurs ; c'est sur la table qu'un bon cœur se manifeste ; on le reconnaît au nombre, au choix, à la délicatesse des mets.

Aussi, voyez avec quelle pompe digne du sujet M. Beauvilliers se plaît à décrire le menu d'une table de trente à quarante convives, honnêtement servie. On ne pouvait mieux entrer en matière. Ce début a quelque chose de grand et de majestueux qui frappe l'imagination. Premier service : — Quatre potages, — quatre relevés, — seize entrées, — quatre gros entremets, — huit plats de rôts, — seize entremets, — quatre salades. Ajoutez deux autres services dont le premier n'ait pas à rougir, et voilà le bon cœur : on aurait tort de le chercher ailleurs.

Rappelez-vous maintenant cette fameuse ordonnance de Philippe-le-Bel : « Que personne » ne s'avise de donner plus de deux plats avec » le potage. » *Nemo audeat dare præter duo fercula cum potagio.* Il est trop tard, l'esprit humain ne rétrogradera pas en cuisine pour quelques estomacs délabrés. On a, d'ailleurs, fort mal compris l'ordonnance de Philippe-le-Bel. J'en appelle à ceux de nos académiciens qui savent le latin : qu'ils disent si *ferculum* n'a pas deux significations ; s'il ne signifie pas tantôt un *mets* et tantôt un *service* tout entier ; il est donc infiniment probable que Philippe-le-Bel, qui n'a jamais passé pour un prince ridicule, défendit à ses sujets de donner non pas plus de deux plats, cela ferait pitié, mais plus de deux services, ce qui est au moins tolérable. On excusera ce trait d'érudition que l'ignorance, si ce n'est la mauvaise foi, de quelques interprètes rendait nécessaire.

O tems! ô mœurs! vont s'écrier, en lisant l'ouvrage de M. Beauvilliers, quelques amis fort équivoques de la frugalité ; ô sauces empoisonnées! ô perfides coulis! Qui sait si, dans leur

dépit, ils ne citeront pas les Curius, les Ca-
mille, et je ne sais quels autres Romains du même
tems, républicains austères qui dînaient comme
des princes avec un plat sans *relevé*, et, *pro dii
immortales!* quel plat! mais sans doute on veut
rire en nous proposant aujourd'hui ces gens-là
pour modèles. Dieu merci, nous n'avons plus
rien de commun avec eux, et même il ne faut
pas oublier que lorsqu'on prit chez nous leurs
noms et leurs manières peu engageantes, on eut
le bon esprit de leur laisser leurs vertus et leurs
lentilles. C'est qu'en vérité leur menu n'était
pas assez varié. Tenons-nous-en donc à celui
de Beauvilliers.

Il est des réputations consacrées par le tems,
auxquelles la louange elle-même craint de toucher. Les anciens imposaient silence à tout orateur assez mal avisé pour entreprendre de louer
Hercule. La leçon est bonne, et j'en veux pro-
fiter. L'ouvrage que j'annonce est jugé et apprécié depuis long-tems; il a obtenu les plus illustres suffrages, et le mien ne pourrait rien
ajouter à la renommée de son auteur. Je ne
passerai donc point en revue les doctes recettes

de M. Beauvilliers; je ne dirai point comment il fait *sauter ses filets de bœuf dans leur glace*, à quel procédé ingénieux ses *oisons à la chipolata* doivent une saveur exquise, inconnue avant lui ; enfin par quel art il vient même à bout de donner un goût piquant aux *oreilles* de l'agneau, si fade ordinairement, si insipide, même dans ses *épigrammes*. Les préparations de la cuisine perdent d'ailleurs à être décrites, et on convient assez généralement qu'il vaut mieux les manger que les lire. J'ajoute que ces détails gastronomiques, ces dîners en peinture plaisent peu à ceux qui ne peuvent jouir de la réalité. Or, comme à la suite des révolutious, les plus honnêtes gens ne sont pas toujours ceux qui dînent le mieux, il convient de ménager leur sensibilité.

Si l'artiste est très-connu, l'écrivain l'est un peu moins. La diction est un mérite dont les gastronomes font peu de cas ; ils attachent beaucoup plus de prix au bien assaisonner qu'au bien dire. Cependant le style de M. Beauvilliers est digne d'éloges, et nous ne pourrions les lui refuser sans injustice. Il est toujours clair, et la clarté est, on le sait, l'ornement des ouvrages de ce genre. M. Beauvilliers a un autre mérite à mes yeux : il dit tout ce qu'il est nécessaire de dire, mais rien de plus ; bien différent en cela de certains professeurs qui ne peuvent seulement vous apprendre comment on fait un civet, sans noyer leur lièvre dans un déluge de mots tout-à-fait inutiles. Déplorable prolixité qui nuit-à l'instruction de leurs élèves.

On n'est plus surpris si M. Beauvilliers fait aujourd'hui autorité, si ses sauces sont devenues classiques, si ses recettes sont en honneur, non-seulement à *la taverne de Londres*, que son génie a illustrée, et qu'il ne cesse d'animer, mais encore dans toutes les cuisines distinguées de la capitale. Il a profité des travaux de ses prédécesseurs, et en a, en quelque sorte, exprimé le suc. C'est un aveu qu'il fait dans sa préface avec cette modestie qui pare toujours le talent ; mais aux connaissances acquises avant lui, il a ajouté ses nombreuses découvertes, fruit de longues méditations sur son art et d'une expérience de près de cinquante ans : voilà sa gloire. Un jour, sans doute, on fera mieux encore, car il serait désolant de ne pas croire à la perfectibilité en cuisine; mais si, comme j'aime à me le persuader, la postérité gourmande est reconnaissante, elle se souviendra de tout ce que M. Beauvilliers a fait pour elle.

Ne pourrions-nous pas puiser dans son ouvrage une instruction que les gourmands se gardent bien d'y chercher? Est-il donc indifférent de considérer tout ce que l'homme a imaginé pour multiplier ses jouissances, pour « faire, comme » le lui reprochent quelques moralistes, quand » ils sont à jeun, pour faire *un art de délectation* » de la chose du monde la plus simple et la plus » naturelle? » Un esprit observateur profite de tout. Jugeant des progrès de la société par ceux de la cuisine, il devinera sans peine que *l'Art du Cuisinier* * n'a pu paraître que chez un peuple très-avancé. Il verra la civilisation tout entière dans la sauce tomate.

* Cet ouvrage forme deux forts volumes in-8º, ornés de planches et figures. Prix : 15 fr. A Paris, chez Pillet aîné, rue Christine, nº 5.

MÉMOIRES

DE BENVENUTO-CELLINI.

(Juillet 1822.)

—

Les mémoires d'un artiste, quelle que soit sa célébrité, n'offrent jamais, du moins à un grand nombre de lecteurs, qu'un intérêt assez médiocre; mais ceux que j'annonce sont une exception à la règle. Ils plairont généralement, grâce aux étranges aventures qu'ils renferment, et au caractère plus étrange encore de celui qui les raconte. Quel homme que ce Benvenuto-Cellini! Certes, on ne connaît pas aujourd'hui un seul orfèvre, même un seul sculpteur, qui lui ressemble.

A-t-il affaire aux souverains, aux maîtres de la terre? il prétend traiter avec eux de puissance à puissance. Il ne lui suffit pas d'être admiré, il veut qu'on le respecte ; j'ai presque dit qu'on le craigne. La tiare lui impose peu, le sceptre encore moins. Vous le voyez lutter d'abord à Rome contre les papes, et venir ensuite braver à Paris le crédit d'un personnage plus redoutable que le roi lui-même, et qui pardonnait surtout moins facilement, de la duchesse d'Etampes, tant il est convaincu que tout doit céder à la supériorité de ses talens!

Quant à ses égaux, malheur à ceux dont il est, ou se croit offensé! Qu'ils se réconcilient bien vite avec Dieu ; car leur dernière heure n'est pas très-éloignée. Benvenuto-Cellini ne fatigue pas les tribunaux de ses plaintes : son espingole, son poignard, voilà ses juges et ses vengeurs; il n'en connaît pas d'autres. C'est un brave entre les braves, et même, quand je compte tous ceux qu'il a envoyés de vie à trépas, je ne sais si je ne devrais pas l'appeler un héros.

Il est vrai que, lorsqu'ils n'en ont pas deux ou trois cent mille autres sous leurs ordres, on pend aujourd'hui les héros de cette espèce ; mais c'est une incivilité de vos gouvernemens modernes. À l'époque où cet ouvrage nous reporte, l'héroïsme pouvait sans peine se soustraire à ce désagrément, circonstance qui doit nous faire attacher encore plus de prix aux Mémoires de Benvenuto, puisqu'ils offrent, dans le cadre étroit de la vie d'un seul homme, le tableau le plus fidèle des mœurs d'un siècle turbulent où, sans invoquer des lois trop souvent impuissantes, chacun se faisait justice à soi-même, et ne voyait dans la vengeance que l'exercice d'un droit naturel, où il suffisait aux coupables de se ménager la protection de quelque grand personnage, pour n'avoir à craindre ni les recherches de la police, ni l'éloquence des procureurs-généraux. L'histoire l'avait dit ; les Mémoires de Benvenuto-Cellini le démontrent.

Cet artiste naquit au commencement du seizième siècle. Il nous apprend, et il nous prouve même, autant que ces choses-là peuvent se prouver, que les *Cellini* sont issus d'un vaillant capitaine qui servait sous les ordres du conquérant des Gaules, et en était même fort aimé. Cette origine est, comme on voit, assez belle, et je connais en France de très-bons gentilshommes qui ne voudraient pas remonter plus haut, et qui seraient assez modestes pour se contenter de descendre d'un compagnon de César. Je ne m'étonne donc plus que Benvenuto ait été brave; bon sang ne peut mentir.

Quoi qu'il en soit de cette noble origine, le père de Benvenuto était, ô fortune, voilà de tes jeux ! *flûteur au palais*, et bornait son ambition à transmettre son talent et sa place à son fils; mais heureusement· celui-ci ne voulut ni l'un ni l'autre; il se croyait fait pour être quelque chose de mieux qu'un joueur de flûte. « J'a-
» vais, nous dit-il dans ses Mémoires, ce *mau-
» dit flûter* en horreur, » et l'Italie s'en félicite aujourd'hui; car elle sait qu'elle doit un de sés plus célèbres artistes à l'aversion de Benvenuto pour ce *maudit flûter*.

Très-jeune encore, une mauvaise affaire, comme il en eut tant depuis, l'obligea de quitter Florence. Déjà le *conseil* des huit était assemblé pour le juger. Quoique fort de son innocence, il crut prudent de ne pas comparaître; il nous apprend qu'il y avait dans ce conseil un juge « qui aurait fait donner la question à un saint. » Or, comme il était à présumer que ce juge n'aurait pas plus d'égards pour un pauvre apprenti orfèvre, pour le fils d'un flûteur, Benvenuto décampa, et il fit bien.

Le voilà donc à Rome. Il y surpasse bientôt tous ses maîtres, et il y fait, pour les cardinaux et pour le souverain pontife, des ouvrages fort admirés, et qui le placent déjà parmi les artistes fameux de cette époque, que l'Italie appelle avec orgueil *l'âge d'or.* Point de doute qu'il n'en eût fait un plus grand nombre si son humeur belliqueuse ne l'avait sans cesse forcé d'interrompre ses travaux ; mais chaque jour nouvelle dispute, nouveau combat. « Benve-» nuto, dit un écrivain de sa nation, était vin-» dicatif comme une vipère, et même un peu » traître. » Le trait suivant, qui donne d'ailleurs une idée assez juste des mœurs du tems, prouvera que cet écrivain ne s'est pas tout-à-fait trompé.

Un certain *Pompeïo*, qui se promenait souvent dans Rome, accompagné de quelques mauvais garnemens de sa sorte, provoqua un jour Benvenuto-Cellini par un *sourire moqueur.* « Je le » suivis, dit celui-ci, et lorsqu'il sortit d'une » boutique où sa mauvaise étoile l'avait con-

» duit, je mis à la main *un petit poignard bien*
» *affilé*, et je le lui plongeai si vivement dans
» la poitrine que personne ne put le sauver de
» la mort. Je jure que je ne voulais que le *bala-*
» *frer*; mais on ne frappe pas où l'on veut. »
Que le ciel vous préserve de pareilles balafres!
Mais si c'est ainsi que Benvenuto balafrait les
gens, je serais curieux de savoir comment il s'y
prenait lorsqu'il avait envie de faire mieux.
Certes son cas était pendable; mais, fort de la
protection de deux personnages puissans, il ne
fut pas même pendu *par défaut*. Sixte-Quint n'é-
tait pas là. Il eût fait pendre, lui, les protec-
teurs et le protégé; car l'autorité suprême est
toujours respectée quand elle veut l'être, et le
veut fortement. On ne l'insulte, on ne l'outrage, que lorsqu'elle a la faiblesse, ou plutôt
la lâcheté de le souffrir, ce qui fait naître les
révolutions, et les fait même quelquefois recom-
mencer.

Le siége de Rome fournit bientôt à notre héros une plus noble occasion de signaler sa valeur. Le premier qu'il tue est le connétable de
Bourbon. C'était assez bien débuter. La suite y
répondit. Enfermé, avec Clément VII, dans

le château Saint-Ange, on charge Benvenuto
de diriger le feu de la principale batterie ; il le
dirige si bien, que le nombre des ennemis dimi-
nue à vue d'œil ; et je crois que pas un n'en serait revenu si la paix eût été signée huit jours
plus tard. L'historien, malgré le long récit qu'il
fait de ses prouesses, assure que, « s'il voulait
» *embellir sa vie*, il aurait des choses bien plus
» surprenantes à nous raconter ; » mais, comme
il est modeste, il croit devoir les passer sous
silence.

> Permettez que César ne parle pas de lui.

Cependant il n'était pas tranquille. Ses exploits, sa gloire homicide, lui donnaient des
scrupules. Le connétable de Bourbon qu'il avait
tué, ce général espagnol qu'il avait *fendu en
deux parts*, le duc d'Orange blessé dangereusement par lui ; tant d'autres enfin qui n'étaient
morts que de son fait, pesaient sur sa conscience, et il voulut se débarrasser de ce fardeau.
Un jour donc que le pape lui témoignait combien il était satisfait de ses services, « je me
» jetai, dit-il, à ses pieds sacrés, et je lui de-
» mandai l'absolution pour tous les homicides

» que j'avais commis pour le service de l'Eglise.
» Le pape leva la main, me fit une croix sur le
» visage, en me disant qu'il me bénissait, et qu'il
» me pardonnait la mort de tous ceux que j'a-
» vais tués et que je tuerais encore pour le ser-
» vice de l'Eglise apostolique. »

Je ne sais quelle feuille libérale, scandalisée
de cette absolution, qui lui paraissait légèrement donnée, a trouvé que sa sainteté avait la
manche un peu large. Qu'est-ce à dire? combattre pour l'autorité légitime est-ce donc un péché
si gros, si énorme, que le pape lui-même ne
puisse pas en absoudre, malgré ses cas réservés?
A ce compte, le trappiste don Antonio, qui n'y
va pas de main morte, l'armée de la Foi, ou
mieux l'Espagne presque tout entière, serait
damnée. Quant à moi, j'avoue que, quelque
prix que j'attache à l'absolution pontificale, je
croirais très-bien pouvoir m'en passer en pareille circonstance. Ce n'est pas de ces homicides, qui étaient de bonne guerre, que Benvenuto aurait dû demander à être absous, mais
de la cruelle *balafre* que son *petit poignard bien
affilé* avait faite au signor Pompeïo; et il n'y
songea même pas.

Doué d'une imagination fertile en expédiens,
Benvenuto rendit au pape, dans cette occasion,
un autre service bien important. Sa sainteté,
voulant, si le château Saint-Ange était pris,
soustraire du moins à la cupidité des vainqueurs
les joyaux de la chambre apostolique, lui ordonna de les séparer de l'or sur lequel ils étaient
montés. Cette opération fut bientôt terminée;
mais la chose la plus difficile restait à faire. Il
s'agissait de trouver une cachette pour les joyaux.
Une idée fort heureuse vint alors à l'esprit de
Benvenuto. « Je les enveloppai, dit-il, de petits
» morceaux de papier, et je les cousis sur le
» dos du pape. » Certes, ils étaient en lieu de
sûreté. Qui se fût jamais avisé d'aller chercher
les joyaux de la chambre apostolique sur le dos
du saint père? Nos commissaires eux-mêmes,
qui cependant avaient le nez fin, n'eussent jamais deviné qu'ils étaient là. Mais, après les
avoir long-tems cherchés en vain, ils n'auraient
pas manqué de dire : Le pape nous a volés.

Benvenuto eut plus tard des démêlés assez
sérieux avec Clément VII, et, en vérité, je n'en
suis pas surpris; on doit passer bien des caprices
aux grands artistes, mais il en avait lui seul plus

que tous les autres ensemble. Oncques on ne vit homme plus fantasque et surtout plus fier : il prenait avec le souverain pontife les libertés qu'il aurait pu prendre avec un vicaire de Saint-Roch. N'osa-t-il pas, un jour, lui reprocher d'avoir manqué de parole, ce qui, chez un pape, était fort vilain? Clément VII cependant lui pardonna cette impertinence, comme il lui en avait pardonné tant d'autres.

Mais ce bon pape mourut, et les choses ne se passèrent pas si doucement sous son successeur. Benvenuto avait de nombreux ennemis, qu'il devait, les uns à sa supériorité, les autres à la violence de son caractère et à son petit poignard bien affilé. Or, une occasion de le perdre s'étant présentée, ils ne la laissèrent pas échapper. On l'accusa de s'être approprié une partie de ces joyaux qu'il avait si ingénieusement cousus sur le dos du dernier pape. C'était une odieuse calomnie, mais il n'en fut pas moins enfermé très-long-tems dans le château Saint-Ange, que son courage avait si bien défendu. Les libéraux vont crier ici à l'arbitraire, et je le leur permets, il y a motif suffisant; mais qu'ils n'oublient pas que, depuis que les libértés publiques ont été chez nous solennellement garanties, et *les droits de l'homme* affichés au coin de toutes les rues, il y a eu, et dans un délai très-court, plus de détentions arbitraires qu'on n'en peut reprocher à toute la vieille monarchie : quand on le sait, on a quelque indulgence pour le seizième siècle, qui n'avait qu'une idée assez confuse de la pondération des pouvoirs et de leur équilibre.

En sortant de prison, Benvenuto vint en France, et y reçut ces nobles encouragemens qu'un roi, protecteur éclairé des arts, accordait à tous les talens. Mais il eut le malheur de déplaire à la duchesse d'Etampes, qui, au lieu d'excuser ses bizarreries et ses emportemens, répétait sans cesse à François Ier : « Cet homme-là mettra le feu à votre Paris. » En effet, cet homme-là était terrible : avait-il un procès (et disons-le en passant, ses procès étaient de la nature de ceux qui sont aujourd'hui jugés à huis clos), il ne manquait jamais de *tuillader* sa partie adverse. La duchesse d'Etampes avait encore d'autres reproches à lui faire. Enfin Jupiter les rendit tout-à-fait irréconciliables.

Benvenuto venait d'achever la statue du sou-

verain des dieux. « Non, s'écria le roi en la
» voyant, non! il n'a jamais paru une si belle
» chose dans le monde. » Comme il était nuit,
Mme d'Etampes dit alors : « Ah! si on la voyait
» de jour, cette statue, elle ne serait pas si
» belle, et on lui a mis un voile pour cacher ses
» défauts. » En effet, l'artiste, voulant que son
Jupiter parût décemment devant les dames de
la cour, l'avait couvert d'un voile très-léger ;
mais irrité de ce qu'il venait d'entendre , « de
» dépit , ajoute-t-il, je déchirai le voile, et
» mon Jupiter parut dans toute sa nudité. » La
duchesse rougit de colère et de pudeur, se crut
méprisée, et ne tarda pas à se venger. Offensa-
t-on jamais une favorite impunément? Néanmoins Benvenuto parle toujours avec respect de
François Ier; il ne l'appelle jamais que son *grand
roi;* enfin, c'est le seul des souverains avec lequel il regrette de s'être brouillé.

On devine sans peine de quelle manière cet
homme singulier, de retour dans sa patrie, dut
se conduire avec le duc régnant, Côme de Médicis. Celui qui avait tenu tête aux papes et aux
rois, et qui croyait d'ailleurs descendre d'un
compagnon de César , pouvait-il se montrer fort

docile aux avis et remontrances d'un petit souverain d'une origine assez commune, et que,
s'il fût né quelques années plus tôt, il aurait pu
voir en boutique? Je suis sûr qu'en travaillant
pour le duc Côme, Benvenuto croyait lui faire
beaucoup d'honneur. « Vous n'y entendez rien,
lui disait-il souvent; » et ces paroles devaient
paraître, à un Médicis, bien dures à entendre;
mais tel fut Benvenuto-Cellini : tel on le trouve
à toutes les époques de sa vie.

Les Italiens disent qu'ils ne connaissent aucun
livre plus agréable à lire que ces Mémoires. Si
les lecteurs français les jugent un peu moins favorablement, la faute n'en sera pas au traducteur, dont le style ne manque ni de correction
ni même d'élégance.

FIN DU SECOND VOLUME.

TABLE.

—

FIN DE LA TABLE DU SECOND VOLUME.

OUVRAGE

RÉCEMMENT MIS EN VENTE CHEZ PILLET AINÉ.

———

VOYAGE

Autour du Monde,

Entrepris par ordre du Roi, sous le ministère et conformément aux instructions de S. Exc. M. le vicomte du Bouchage, secrétaire d'état au département de la marine, sur les corvettes de S. M. *l'Uranie* et *la Physicienne*, pendant les années 1817, 1818, 1819 et 1820; par M. Louis de Freycinet, capitaine de vaisseau, chevalier de Saint-Louis, etc.

Zoologie. — Par MM. Quoy et Gaimard, médecins de l'expédition et naturalistes.

Il paraît en ce moment dix livraisons, contenant chacune six feuilles de texte et six planches coloriées.

La partie *Zoologique*, qui précède dans l'ordre de publication les autres parties du Voyage, aura seize livraisons, composées chacune de six planches et de plusieurs feuilles de texte. On souscrit à volonté à l'ouvrage entier ou aux parties détachées. Prix de chaque livraison pour les souscripteurs à l'ouvrage entier, moins la partie *Hydrographique* : papier fin, 12 fr. ; papier vélin, 24 fr. *Id.*, avec planches sur papier de Chine, 30 fr. — Prix pour les personnes qui ne souscriront qu'à la partie *Zoologique* : papier fin, 14 fr. ; papier vélin, 28 fr. *Id.*, avec planches sur papier de Chine, 36 fr.

La *Botanique* aura douze livraisons, composées chacune de six planches et de plusieurs feuilles de texte. Mêmes prix que ci-dessus pour les souscripteurs à l'ouvrage entier, et pour ceux qui ne prendraient que la partie *Botanique*.

L'*histoire du Voyage* formera vingt-quatre livraisons, composées de quatre ou cinq planches chacune et de plusieurs feuilles de texte. Mêmes prix que ci-dessus pour les souscripteurs à l'ouvrage entier, et pour ceux qui ne prendraient que la partie *Historique*.

Le *Magnétisme* et les *Observations du Pendule* formeront deux livraisons. Mêmes prix que ci-dessus pour les souscripteurs à l'ouvrage entier, et pour ceux qui ne prendraient que le *Magnétisme* et les *Observations du Pendule*.

La *Météorologie* aura deux livraisons ; d'où il résulte que l'ouvrage entier en aura cinquante-six. Mêmes prix que ci-dessus.

L'*Hydrographie*, publiée aux frais du ministère de la marine, ne sera pas partagée en livraisons comme les autres sections du *Voyage*.

COLLECTION DES MŒURS FRANÇAISES.

L'Hermite de la Chaussée-d'Antin, ou Observations sur les mœurs et usages des Parisiens au commencement du XIXe siècle, avec cette épigraphe :

Chaque âge a ses plaisirs, son esprit et ses mœurs.

BOILEAU, *Art poétique.*

Par M. de Jouy, membre de l'Académie française. Cinq forts vol. in-12, ornés de 12 jolies gravures et de fleurons. Prix. . . . . 18—75
Le même, cinq vol. in-8°. Prix . . . . . . 30—0
Papier vélin. . . . . 60—0

Guillaume le Franc-Parleur, ou Observations sur les mœurs, etc. ; faisant suite à l'Hermite de la Chaussée-d'Antin, et par le même auteur. Deux vol. in-12, ornés de 4 jolies grav. et de fleurons. Prix. 7—50
Le même, deux vol. in-8°. Prix. . . . . . 12—0

L'Hermite de la Guiane, ou Observations sur les mœurs françaises, etc. ; faisant suite à l'Hermite de la Chaus-

sée-d'Antin et au Franc-Parleur, et par le même
auteur. Trois vol. in-12, ornés de 6 jolies gravures
et de fleurons. Prix . . . . 11—25
Le même, trois vol. in-8°. Prix . . . . . . 18—0

L'Hermite en Province (suite de l'Hermite de la Chaussée-d'Antin, etc.), par M. de Jouy, etc.; six vol.
in-12, ornés de 12 jolies gravures et de vignettes.
Prix. . . . . 22—50
Le même, six volumes in-8°. Prix . . 36—0

La Morale appliquée à la politique, pour servir d'intro-
duction aux Observations sur les mœurs françaises
au XIXe siècle; par M. de Jouy. Orné du portrait de
l'auteur. Deux volumes in-12. Prix. . . . . . 7—50
Le même, deux vol. in-8°. . . . . 12—0
Papier vélin. . . . . 24—0

Le Bonhomme, ou Observations sur les mœurs et
usages parisiens, par M. de Rougemont. Suite du
Rôdeur. Un vol. in-12, orné de deux jolies gra-
vures et de vignettes. Prix. . . . . 3—75
Le même, in-8°. Prix. . . . . 6—0
Papier vélin. . . . . 12—0

MŒURS ANGLAISES.

L'Hermite de Londres, ou Observations sur les mœurs
et usages des Anglais au commencement du XIXe
siècle; faisant suite à la collection des mœurs françaises; par M. de Jouy, membre de l'Académie française. Trois vol. in-12. Prix. . . . . 11—25
Le même, trois vol. in-8°. Prix . . . . . 18—0
Papier vélin. . . . . 56—0

MŒURS ITALIENNES.

L'Hermite en Italie, ou Observations sur les mœurs
et usages des Italiens au commencement du XIXe
siècle; faisant suite à la collection des mœurs françaises et anglaises. Quatre vol. in-12, ornés de
gravures, cartes géographiques et vignettes offrant
des vues de lieux et de monumens remarquables.
Prix. . . . . 15—0
Le même ouvrage, quatre vol. in-8°, figures premières épreuves. . . . . 24—0
Papier vélin . . . . 48—0

Histoire de l'Expédition de Russie, par le marquis de Chambray, colonel d'artillerie. Seconde édition. Trois forts volumes in-8°, avec trois vignettes et un atlas séparé.

Prix. papier superfin des Vosges. . . . 30 fr.
Papier grand-raisin vélin satiné. . 60

Ephémérides classiques, présentant, jour par jour, les événemens principaux de l'histoire universelle et l'analyse biographique des rois, des guerriers, des poètes, des philantropes, des ministres de la religion, des artistes, et en général de la plupart des hommes qui se sont distingués dans le monde par des actions dignes de faire aimer la vertu, la religion et le savoir, ou capables de faire haïr le crime, l'impiété et l'ignorance; à l'usage des séminaires, des colléges et des maisons d'éducation des deux sexes. Rédigées par MM. Boniface, D. Lévy et Marquis, professeurs. Un vol. in-12. Prix, 3 fr.

Conversations de lord Byron, recueillies pendant un séjour avec Sa Seigneurie à Pise, dans les années 1821 et 1822, Par Thomas Medwin, Esq. du 24e régiment de dragons. Traduites de l'anglais, sur les notes de l'auteur, par D..... D. P...., officier de cavalerie. Ornées du portrait de lord Byron, d'après le buste de Bertolini, et d'un *fac simile* de son écriture. Deux volumes in-12. Prix, 7 fr.

Cours abrégé de Blason; avec dix planches de figures; suivi d'une Notice détaillée sur les ordres de chevalerie; à l'usage des maisons d'éducation. Par M. Joseph Martin, docteur ès-lettres, pensionnaire de l'université, auteur d'un Cours abrégé de géographie ancienne et moderne, adopté par le conseil royal de l'instruction publique, etc. Un vol. in-12. Prix, 2 fr. 50 c.

Cours abrégé de Géographie ancienne et moderne, adopté par le conseil royal de l'instruction publique. Par M. Joseph Martin, pensionnaire de l'université. Quatrième édition, avec figures. Un volume in-12. Prix, 2 fr. 50 c.

www.ingramcontent.com/pod-product-compliance
Ingram Content Group UK Ltd.
Pitfield, Milton Keynes, MK11 3LW, UK
UKHW021916070726
13614UKWH00001B/57

9 782016 182314